AMERS

SEAMARKS

SEAMARKS

ST.-JOHN PERSE

BILINGUAL EDITION

TRANSLATION BY

WALLACE FOWLIE

HARPER TORCHBOOKS / THE BOLLINGEN LIBRARY

HARPER & BROTHERS, NEW YORK

CONTENTS

CONTENTS

INVOCATION / INVOCATION

ET VOUS, MERS . . .

1

ET VOUS, *Mers, qui lisiez dans de plus vastes songes, nous laisserez-vous un soir aux rostres de la Ville, parmi la pierre publique et les pampres de bronze?*

Plus large, ô foule, notre audience sur ce versant d'un âge sans déclin: la Mer, immense et verte comme une aube à l'orient des hommes,

La Mer en fête sur ses marches comme une ode de pierre: vigile et fête à nos frontières, murmure et fête à hauteur d'hommes—la Mer elle-même notre veille, comme une promulgation divine . . .

L'odeur funèbre de la rose n'assiégera plus les grilles du tombeau; l'heure vivante dans les palmes ne taira plus son âme d'étrangère . . . Amères, nos lèvres de vivants le furent-elles jamais?

J'ai vu sourire aux feux du large la grande chose fériée: la Mer en fête de nos songes, comme une Pâque d'herbe verte et comme fête que l'on fête,

Toute la Mer en fête des confins, sous sa fauconnerie de nuées blanches, comme domaine de franchise et comme terre de

4

AND YOU, SEAS . . .

1

AND you, Seas, who have read in wider dreams, will you leave us one evening at the rostra of the City, in the centre of the public stone and the bronze vine leaves?

Larger, O crowd, our audience on this versant of an age without decline: the Sea, immense and green like a dawn to the orient of men,

The Sea, in celebration of its steps, like an ode of stone: vigil and celebration on our frontiers, murmur and celebration to the height of men—the Sea itself our vigil, like a divine promulgation . . .

The funeral smell of the rose will no longer lay siege to the grilles of the tomb; the life hour in the palms will no longer silence its soul of a stranger . . . Bitter? have our lips of living men ever been such?

I saw smiling in the fires of the open sea the great festive thing: the Sea as celebrated in our dreams, like an Easter of green grasses and like a feast day that we celebrate,

All the Sea in celebration on its confines, under its falconry of white clouds, like a tax-free domain and like entailed

5

mainmorte, comme province d'herbe folle et qui fut jouée aux
dés . . .

Inonde, ô brise, ma naissance! Et ma faveur s'en aille au
cirque de plus vastes pupilles! . . . Les sagaies de Midi
vibrent aux portes de la joie. Les tambours du néant cèdent aux
fifres de lumière. Et l'Océan, de toutes parts, foulant son poids
de roses mortes,
   Sur nos terrasses de calcium lève sa tête de Tétrarque!

2

«. . . JE VOUS ferai pleurer, c'est trop de grâce parmi nous.

«Pleurer de grâce, non de peine, dit le Chanteur du plus beau
   chant;
«Et de ce pur émoi du cœur dont j'ignore la source,
«Comme de ce pur instant de mer qui précède la brise . . .»

Parlait ainsi homme de mer, tenant propos d'homme de mer.
Louait ainsi, louant l'amour et le désir de mer
Et vers la Mer, de toutes parts, ce ruissellement encore des
   sources du plaisir . . .

«C'est une histoire que je dirai, c'est une histoire qu'on en-
   tendra;
«C'est une histoire que je dirai comme il convient qu'elle soit
   dite,
«Et de telle grâce sera-t-elle dite qu'il faudra bien qu'on s'en
   réjouisse.

6

land, like a province of rank weeds that was wagered on the dice . . .

O breeze, flood my birth! And may my favour go to the circus of wider pupils! The javelins of Noon quiver in the gates of joy. The drums of nothingness yield to the fifes of light. And the Ocean, on all sides, trampling its weight of dead roses,

Over our terraces of calcium raises its head of a Tetrarch!

2

". . . I will make you weep, there is too much grace between us.

"Tears of grace, not of sorrow, says the Singer of the most
    beautiful song;
"And for that pure feeling of the heart whose source I ignore
"As for that pure instant of the sea which comes before the
    breeze . . ."

Thus spoke the man of the sea, talking a seaman's talk.
Thus did he praise, praising love and desire of the sea
And towards the sea, from all sides, this new flowing of the
    springs of pleasure . . .

"It is a tale I will tell, it is a tale you will hear;
"It is a tale I will tell as it should be told,
"And with such grace will it be told, that all must delight
    in it.

«Certes, une histoire qu'on veuille entendre, dans l'insouciance
    encore de la mort,
«Et telle et telle, en sa fraîcheur, au cœur de l'homme sans
    mémoire,
«Qu'elle nous soit faveur nouvelle et comme brise d'estuaire en
    vue des lampes de la terre.

«Et de ceux-là qui l'entendront, assis sous le grand arbre du
    chagrin,
«Il en est peu qui ne se lèvent, qui ne se lèvent avec nous et
    n'aillent, souriant,
«Dans les fougères encore de l'enfance et le déroulement des
    crosses de la mort.»

3

Poésie pour accompagner la marche d'une récitation en
l'honneur de la Mer.

   Poésie pour assister le chant d'une marche au pourtour de
la Mer.

   Comme l'enterprise du tour d'autel et la gravitation du
chœur au circuit de la strophe.

   Et c'est un chant de mer comme il n'en fut jamais chanté,
et c'est la Mer en nous qui le chantera:

   La Mer, en nous portée, jusqu'à la satiété du souffle et la
péroraison du souffle,

   La Mer, en nous portant son bruit soyeux du large et toute
sa grande fraîcheur d'aubaine par le monde.

"Surely, a story that one would wish once more to hear in
the carefreeness of death,

"And such and such, fresh as it is, in the heart of man without memory,

"That it will be to us a new favour, like the breeze from the
estuary in sight of the lamps on land.

"And of those who will hear it, seated under the great tree of
sorrow,

"There will be few who will not rise, will not rise with us and
go, smiling,

"Among the ferns again of childhood and the unrolling of the
curled fronds of death."

3

Poetry to accompany the march of a recitation in honour
of the Sea.

Poetry to assist the song of a march round the circuit of
the Sea.

Like the ritual round the altar and the gravitation of the
chorus in the circuit of the strophe.

And it is a chant of the sea as has never been chanted,
and it is the Sea in us that will chant it:

The Sea, borne in us, to the satiety of breath and the
peroration of breath,

The Sea, in us bearing the silken sound of open seas and
all the great freshness of good fortune throughout the world.

9

Poésie pour apaiser la fièvre d'une veille au périple de mer.
Poésie pour mieux vivre notre veille au délice de mer.

Et c'est un songe en mer comme il n'en fut jamais songé, et c'est la Mer en nous qui le songera:

La Mer, en nous tissée, jusqu'à ses ronceraies d'abîme, la Mer, en nous tissant ses grandes heures de lumière et ses grandes pistes de ténèbres—

Toute licence, toute naissance et toute résipiscence, la Mer! la Mer! à son afflux de mer,

Dans l'affluence de ses bulles et la sagesse infuse de son lait, ah! dans l'ébullition sacrée de ses voyelles—les saintes filles! les saintes filles!—

La Mer elle-même tout écume, comme Sibylle en fleurs sur sa chaise de fer . . .

4

A<small>INSI</small> *louée, serez-vous ceinte, ô Mer, d'une louange sans offense.*
Ainsi conviée serez-vous l'hôte dont il convient de taire le mérite.
Et de la Mer elle-même il ne sera question, mais de son règne au cœur de l'homme:
Comme il est bien, dans la requête au Prince, d'interposer l'ivoire ou bien le jade
Entre la face suzeraine et la louange courtisane.

Moi, m'inclinant en votre honneur d'une inclinaison sans bassesse,

Poetry to appease the fever of a watch along the edge of the sea. Poetry to fire our watch in the delight of the sea.

And it is a dream at sea such as was never dreamt, and it is the Sea in us that will dream it:

The Sea, woven in us, to the last weaving of its tangled night, the Sea, in us weaving its great hours of light and its great trails of darkness—

All freedom, all renascence and all resipiscence, the Sea! the Sea! in its sea-flowing,

In the overflowing of its bubbles and the infused wisdom of its milk, ah! in the sacred ebullience of its vowels—sacred beings! sacred beings!—

The Sea itself all foam, like a Sibyl in flower on her iron chair . . .

4

THUS praised, O Sea, will you be wreathed with blameless praise.

Thus bidden, will you be guest of whose merit it is proper to say nothing.

And of the Sea itself it will not be question, but of its reign in the heart of man:

As it is well, in the plea to the Prince, to interpose ivory or jade

Between the suzerain face and the courtesan praise.

And I, bowing in your honour in a bow not too low,

J'épuiserai la révérence et le balancement du corps;
Et la fumée encore du plaisir enfumera la tête du fervent,
Et le délice encore du mieux dire engendrera la grâce du sou-
rire . . .

Et de salutation telle serez-vous saluée, ô Mer, qu'on s'en sou-
vienne pour longtemps comme d'une récréation du cœur.

5

. . . OR IL y avait un si long temps que j'avais goût de ce
poème, mêlant à mes propos du jour toute cette alliance, au loin,
d'un grand éclat de mer—comme en bordure de forêt, entre les
feuilles de laque noire, le gisement soudain d'azur et de ciel
gemme: écaille vive, entre les mailles, d'un grand poisson pris
par les ouïes!

Et qui donc m'eût surpris dans mon propos secret? gardé
par le sourire et par la courtoisie; parlant, parlant langue d'au-
bain parmi les hommes de mon sang—à l'angle peut-être d'un
Jardin Public, ou bien aux grilles effilées d'or de quelque Chan-
cellerie; la face peut-être de profil et le regard au loin, entre mes
phrases, à tel oiseau chantant son lai sur la Capitainerie du
Port.

Car il y avait un si long temps que j'avais goût de ce poème,
et ce fut tel sourire en moi de lui garder ma prévenance: tout
envahi, tout investi, tout menacé du grand poème, comme d'un

Shall exhaust the reverence and balancing of the body;
And the smoke of pleasure once more will encircle the head
    of the fervent,
And the delight of the well-chosen word once more beget the
    grace of a smile . . .

And with such a greeting will you be greeted, O Sea, that it
    will be long remembered like a recreation of the heart.

5

. . . Now, it had been such a long time that I had nursed
a taste for this poem, mingling in my daily talk all that alliance, afar, of a great flash of sea—as on the edge of the
forest, between the leaves of black lacquer, the swift layer of
blue and of rocksalt: vivid scale, among the meshes, of a
great fish taken by the gills!

And who then could have surprised me in my secret pur-
pose? guarded by smile and courtesy; speaking, speaking the
tongue of an alien among men of my blood—in the corner
perhaps of a Public Garden, or else by the grilles, pointed
with gold, of some Chancellery; the face perhaps in profile
and the gaze far off, between my phrases, on some bird singing its lay over the roof of the Harbour-master.

For it had been such a long time that I had nursed a
taste for this poem, and with such a smile did I keep my devotion to it: all invaded, all invested, all menaced by the

13

lait de madrépores; à son afflux, docile, comme à la quête de minuit, dans un soulèvement très lent des grandes eaux du songe, quand les pulsations du large tirent avec douceur sur les aussières et sur les câbles.

Et comment il nous vint à l'esprit d'engager ce poème, c'est ce qu'il faudrait dire. Mais n'est-ce pas assez d'y trouver son plaisir? Et bien fût-il, ô dieux! que j'en prisse soin, avant qu'il ne nous fût repris . . . Va voir, enfant, au tournant de la rue, comme les Filles de Halley, les belles visiteuses célestes en habit de Vestales, engagées dans la nuit à l'hameçon de verre, sont promptes à se reprendre au tournant de l'ellipse.

Morganatique au loin l'Épouse, et l'alliance, clandestine! . . . Chant d'épousailles, ô Mer, sera pour vous le chant: «Mon dernier chant! mon dernier chant! et qui sera d'homme de mer . . .» Et si ce n'est ce chant, je vous le demande, qu'est-ce qui témoignerait en faveur de la Mer—la Mer sans stèles ni portiques, sans Alyscamps ni Propylées; la Mer sans dignitaires de pierre à ses terrasses circulaires, ni rang de bêtes bâtées d'ailes à l'aplomb des chaussées?

Moi j'ai pris charge de l'écrit, j'honorerai l'écrit. Comme à la fondation d'une grande œuvre votive, celui qui s'est offert à rédiger le texte et la notice; et fut prié par l'Assemblée des Donateurs, y ayant seul vocation. Et nul n'a su comment il s'est mis à l'ouvrage: dans un quartier, vous dira-t-on, d'équarrisseurs ou de fondeurs—par temps d'émeute populaire—entre les cloches du couvre-feu et les tambours d'une aube militaire . . .

Et au matin déjà la Mer cérémonielle et neuve lui sourit au-

14

great poem, as by the milk of madrepores: at its flood, docile,
as at the midnight quest, in a very slow heaving of the great
waters of dream, when the pulsations of the open sea pull
gently on the hawsers and on the cables.

And how it came to us to induce this poem is what we will
have to tell. But is it not enough to take pleasure in it? And
how good it was, O gods, that I took care of it before it was
taken away from us . . . Go and see, child, at the turn of
the street, how the Daughters of Halley, the beautiful celestial visitors in Vestal robes, caught in the night by the hook
of glass, are prompt to escape at the turn of the ellipse.

Morganatic is the far-off Bride, and the alliance, clandestine! . . . The nuptial chant, O Sea, will be for you the
chant: "My last song! my last song! which will be song of a
man of the sea . . ." And if it is not this song, I ask you,
what would testify in favour of the Sea—the Sea without
stelae or porticos, without Aliscamps or Propylaeas; the Sea
without stone dignitaries on its circular terraces, or ranks of
beasts saddled with wings along the highways?

I have taken charge of the writing, I will honour the
writing. As at the foundation of a great votive work, the
man who has offered to prepare the text and the announce-
ment; and was asked to by the Assembly of Donors, he alone
having a vocation for it. And no one knew how he set to
work: in one quarter, you will be told, of horse slaughterers
or of smelters—at a time of popular uprising—between the
bells of the curfew and the drums of a military dawn . . .

And already in the morning the Sea ceremonial and new

dessus des corniches. Et voici qu'en sa page se mire l'Étrangère . . . Car il y avait un si long temps qu'il avait goût de ce poème; y ayant telle vocation . . . Et ce fut telle douceur un soir de lui marquer sa prévenance; et d'y céder, telle impatience. Et le sourire aussi fut tel de lui prêter alliance . . . «Mon dernier chant! mon dernier chant! . . . et qui sera d'homme de mer . . .»

6

Eт c'est la Mer qui vint à nous sur les degrés de pierre du drame:

Avec ses Princes, ses Régents, ses Messagers vêtus d'emphase et de métal, ses grands Acteurs aux yeux crevés et ses Prophètes à la chaîne, ses Magiciennes trépignant sur leurs socques de bois, la bouche pleine de caillots noirs, et ses tributs de Vierges cheminant dans les labours de l'hymne,

Avec ses Pâtres, ses Pirates et ses Nourrices d'enfants-rois, ses vieux Nomades en exil et ses Princesses d'élégie, ses grandes Veuves silencieuses sous des cendres illustres, ses grands Usurpateurs de trônes et Fondateurs de colonies lointaines, ses Prébendiers, et ses Marchands, ses grands Concussionnaires des provinces d'étain, et ses grands Sages voyageurs à dos de buffles de rizières,

Avec tout son cheptel de monstres et d'humains, ah! tout son croît de fables immortelles, nouant à ses ruées d'esclaves et d'ilotes ses grands Bâtards divins et ses grandes filles d'Étalons —une foule en hâte se levant aux travées de l'Histoire et se por-

smiles at him above the cornices. And She, such an Alien, mirrors herself in his page . . . For it was such a long time that he had nursed a taste for this poem; having for it such a vocation . . . And it was such a sweetness, one evening, to give his devotion to it; and to yield to it, such impatience. And with such a smile also did he join allegiance with it . . . "My last song! my last song! which will be song of a man of the sea . . ."

6

And it is the Sea that came to us on the stone steps of the drama:

With her Princes, her Regents, her Messengers clothed in pomp and metal, her great Actors their eyes gouged out and her Prophets chained together, her women Magicians stamping on wooden clogs, their mouths full of black clots, and her tributes of Virgins plodding in the furrows of the hymn,

With her Shepherds, her Pirates, her Wet-nurses of infant kings, her old Nomads in exile and her Princesses of elegy, her tall silent Widows under illustrious ashes, her great Usurpers of thrones and Founders of distant colonies, her Prebendaries and her Merchants, her great Concussionaries of provinces rich in tin, and her great travelling Sages mounted on rice-field buffaloes,

With all her lease of monsters and men, and all her breed of immortal fables, joining with her masses of slaves and helots her tall bastards of the Gods and her large daughters of Stallions—a crowd in haste rising on the tiers of History

tant en masse vers l'arène, dans le premier frisson du soir au parfum de fucus,

Récitation en marche vers l'Auteur et vers la bouche peinte de son masque.

*

Ainsi la Mer vint-elle à nous dans son grand âge et dans ses grands plissements hercyniens—toute la mer à son affront de mer, d'un seul tenant et d'une seule tranche!

Et comme un peuple jusqu'à nous dont la langue est nouvelle, et comme une langue jusqu'à nous dont la phrase est nouvelle, menant à ses tables d'airain ses commandements suprêmes,

Par grands soulèvements d'humeur et grandes intumescences du langage, par grands reliefs d'images et versants d'ombres lumineuses, courant à ses splendeurs massives d'un très beau style périodique, et telle, en ses grands feux d'écailles et d'éclairs, qu'au sein des meutes héroïques,

La Mer mouvante et qui chemine au glissement de ses grands muscles errants, la Mer gluante au glissement de plèvre, et toute à son afflux de mer, s'en vint à nous sur ses anneaux de python noir,

Très grande chose en marche vers le soir et vers la transgression divine . . .

*

Et ce fut au couchant, dans les premiers frissons du soir encombré de viscères, quand, sur les temples frettés d'or et dans les Colisées de vieille fonte ébréchés de lumière, l'esprit sacré s'éveille aux nids d'effraies, parmi l'animation soudaine de l'ample flore pariétale.

18

and all moving in a body towards the arena, with the first chill of the evening and the smell of seaweed,

Recitation marching towards the Author and towards the painted mouth of his mask.

✳

So the Sea came to us in its great age and its great Hercynian folds—the whole sea, as a sea facing us, a single part and a single flank!

And to us came the Sea like a people towards us whose language is new, and like a language towards us whose phrasing is new, carrying to its bronze tables its supreme commands,

With great upheavals of humour and great swellings of language, with great reliefs of images and luminous slopes of shadow, running to its massive splendours of a very fine periodic style, and such, in its great fires of scales, and lightning flashes, as in the midst of heroic packs,

The Sea, moving, that makes its way on the gliding of its great errant muscles, the slimy Sea with the gliding motion of a pleura, and all running to the high flood of a sea, came towards us on its coils of a black python,

Very great thing moving towards the night and towards divine transgression . . .

✳

And it was at sunset, in the first chills of the evening encumbered with viscera, when on the gold-fretted temples and in the Coliseums of old casting breached with light, the sacred spirit wakens in screech-owls' nests, amid the sudden animation of the ample parietal flora.

19

Et comme nous courions à la promesse de nos songes, sur un très haut versant de terre rouge chargé d'offrandes et d'aumaille, et comme nous foulions la terre rouge du sacrifice, parée de pampres et d'épices, tel un front de bélier sous les crépines d'or et sous les ganses, nous avons vu monter au loin cette autre face de nos songes: la chose sainte à son étiage, la Mer, étrange, là, et qui veillait sa veille d'Étrangère—inconciliable, et singulière, et à jamais inappariée—la Mer errante prise au piège de son aberration.

Élevant l'anse de nos bras à l'appui de notre «Aââh . . .», nous avons eu ce cri de l'homme à la limite de l'humain; nous avons eu, sur notre front, cette charge royale de l'offrande: toute la Mer fumante de nos vœux comme une cuve de fiel noir, comme un grand bac d'entrailles et d'abats aux cours pavées du Sacrificateur!

Nous avons eu, nous avons eu . . . Ah! dites-le encore, était-ce bien ainsi? . . . Nous avons eu—et ce fut telle splendeur de fiels et de vins noirs!—la Mer plus haute que notre face, à hauteur de notre âme; et dans sa crudité sans nom à hauteur de notre âme, toute sa dépouille à vif sur le tambour du ciel, comme aux grands murs d'argile désertés,

Sur quatre pieux de bois, tendue! une peau de buffle mise en croix.

*

. . . Et de plus haut, et de plus haut déjà, n'avions-nous vu la Mer plus haute à notre escient,

Face lavée d'oubli dans l'effacement des signes, pierre affranchie pour nous de son relief et de son grain?—et de plus haut encore et de plus loin, la Mer plus haute et plus lointaine . . . inallusive et pure de tout chiffre, la tendre page lumineuse contre la nuit sans tain des choses? . . .

And as we ran to the promise of our dreams, on a very high slope of red earth loaded with offerings and horned beasts, and as we were trampling the red earth of sacrifice, adorned with vine leaves and spices, like the brow of a ram under the gold fringes and braids, we saw rising in the distance that other face of our dreams: the sacred thing at its level, the Sea, strange, there, watching its watch of a Stranger—irreconcilable, and singular, and for ever unmatched—the erring Sea taken in the trap of its aberration.

Raising the arch of our arms in support of our "Aââh . . ." we gave this cry of man at the limit of the human; we had, on our head, this royal load of the offering: all the Sea smoking with our vows like a vat of black bile, like a great tub of entrails and offal in the paved courtyards of the Sacrificer!

We had, we had . . . Ah! say it again, is it really so? . . . We had—and it was such splendour of gall and black wine!—the Sea higher than our face, at the height of our soul; and in its nameless crudity at the height of our soul, its whole hide, raw, on the drum of the sky, as, against great deserted clay walls,

On a cross of four wooden stakes, a buffalo skin hangs, stretched out!

✳

. . . And from higher, and higher seen, had we not held the Sea higher in our knowing,

Face washed with forgetfulness in the effacing of signs, stone freed for us of its relief and of its grain?—and from higher still and farther off, the Sea higher and more distant . . . inallusive and innocent of all figures, the tender luminous page without foil against the night of things? . . .

21

Ah! quel grand arbre de lumière prenait ici la source de son lait! . . . Nous n'avons pas été nourris de ce lait-là! Nous n'avons pas été nommés pour ce rang-là! Et filles de mortelles furent nos compagnes éphémères, menacées dans leur chair . . . Rêve, ô rêve tout haut ton rêve d'homme et d'immortel! . . . «Ah! qu'un Scribe s'approche et je lui dicterai . . .»

Nul Asiarque chargé d'un ordre de fêtes et de jeux eût-il jamais rêvé pareille rêverie d'espace et de loisir? Et qu'il y eût en nous un tel désir de vivre à cet accès, n'est-ce point là, ô dieux! ce qui nous qualifiait? . . . Ne vous refermez point, paupière, que vous n'ayez saisi l'instant d'une telle équité! «Ah! qu'un autre s'approche et je lui dicterai . . .»

Le Ciel qui vire au bleu de mouette nous restitue déjà notre présence, et sur les golfes assaillis vont nos millions de lampes d'offrande, s'égarant—comme quand le cinabre est jeté dans la flamme pour exalter la vision.

*

Car tu nous reviendras, présence! au premier vent du soir,
Dans ta substance et dans ta chair et dans ton poids de mer,
ô glaise! dans ta couleur de pierre d'étable et de dolmen, ô Mer!
—parmi les hommes engendrés et leurs contrées de chênes rouvres, toi Mer de force et de labour, Mer au parfum d'entrailles femelles et de phosphore, dans les grands fouets claquants du rapt! Mer saisissable au feu des plus beaux actes de l'esprit!
. . . (Quand les Barbares sont à la Cour pour un très bref séjour, l'union avec les filles de serfs rehausse-t-elle d'un si haut ton le tumulte du sang? . . .)

22

Oh! what great tree of light found here the source of its milk? We have not been fed on such a milk! We have not been named to such a rank! Daughters of mortal women were our ephemeral companions, threatened in their flesh . . . Dream, O dream aloud your dream of a man and an immortal! "Ah! let a Scribe approach and I will dictate to him . . ."

Would any Asiarch, responsible for a season of festivals and games, have ever dreamed such a dream of space and leisure? And that there was in us such a desire to live at that height, is not that, O gods! which qualified us? . . . Do not close, eyelid, until you have seized that pure instant of equity! "Ah! let some one approach and I will dictate to him . . ."

The sky, turning to a sea-gull blue, is restoring to us our presence, and over the assailed gulfs our millions of votive lamps are straying,—as when cinnabar is thrown into the fire to exalt man's vision.

✳

For you will return to us, presence! with the first wind of the evening,

In your substance and in your flesh and in your weight of sea, O clay! in your colour of stable stone and of dolmen, O Sea!—among begotten men and their countries of robur oaks, you, Sea of force and of furrows, Sea with the scent of female entrails and of phosphorus, in the great cracking whips of rape! Sea seized in the fire of your finest acts, O mind! . . . (When the Barbarians are at Court for a very brief stay, does union with the daughters of serfs exalt to such a height the tumult of the blood? . . .)

23

«Guide-moi, plaisir, sur les chemins de toute mer; au frémissement de toute brise où s'alerte l'instant, comme l'oiseau
vêtu de son vêtement d'ailes . . . Je vais, je vais un chemin
d'ailes, où la tristesse elle-même n'est plus qu'aile . . . Le beau
pays natal est à reconquérir, le beau pays du Roi qu'il n'a revu
depuis l'enfance, et sa défense est dans mon chant. Commande,
ô fifre, l'action, et cette grâce encore d'un amour qui ne nous
mette en mains que les glaives de joie! . . .»

Et vous, qu'êtes-vous donc, ô Sages! pour nous réprimander,
ô Sages? Si la fortune de mer nourrit encore, en sa saison, un
grand poème hors de raison, m'en refuserez-vous l'accès? Terre
de ma seigneurie, et que j'y entre, moi! n'ayant nulle honte à
mon plaisir . . . «Ah! qu'un Scribe s'approche et je lui
dicterai . . .» Et qui donc, né de l'homme, se tiendrait sans
offense aux côtés de ma joie?

—Ceux-là qui, de naissance, tiennent leur connaissance au-
dessus du savoir.

"Guide me, pleasure, on the ways of every sea; in the flurrying of every breeze where the instant is alerted, like a bird clothed in the clothing of wings . . . I go, I go a way of wings, where sadness itself is no more than wing. The fair land of birth has to be reconquered, the fair land of the King that he has not seen since childhood, and its defence is in my song. Command, O fifer, the action, and again this grace of a love which places in our hands only the swords of joy! . . ."

And who are you then, O Sages, to reprove us, O Sages? If the fortune of the sea nourishes again, in its season, a great poem beyond reason, will you refuse me access to it? Land of my seigniory, there may I enter, having no shame at my pleasure . . . "Ah! let a Scribe approach, and I will dictate to him . . ." And who, then, born of man, would stand without offence, beside my joy?

—Those who, by birth, hold their knowing above knowledge.

STROPHE / STROPHE

DES VILLES HAUTES
S'ÉCLAIRAIENT SUR TOUT
LEUR FRONT DE MER...

D‍ES *Villes hautes s'éclairaient sur tout leur front de mer,
et par de grands ouvrages de pierre se baignaient dans les sels
d'or du large.*

*Les Officiers de port siégeaient comme gens de frontière: con-
ventions de péage, d'aiguade; travaux d'abornement et règle-
ments de transhumance.*

*On attendait les Plénipotentiaires de haute mer. Ha! que
l'alliance enfin nous fût offerte! . . . Et la foule se portait aux
avancées d'escarpes en eau vive,*

*Au bas des rampes coutumières, et jusqu'aux pointes ro-
cheuses, à ras mer, qui sont le glaive et l'éperon des grands concepts de pierre de l'épure.*

*Quel astre fourbe au bec de corne avait encore brouillé le
chiffre, et renversé les signes sur la table des eaux?*

*Aux bassins éclusés des Prêtres du Commerce, comme aux
bacs avariés de l'alchimiste et du foulon,*

*Un ciel pâle diluait l'oubli des seigles de la terre . . . Les
oiseaux blancs souillaient l'arête des grands murs.*

TALL CITIES FLAMED
IN THE SUN ALL ALONG
THEIR SEA FRONT . . .

1

Tall Cities flamed in the sun all along their sea front, their large stone buildings bathed in the golden salts of the open sea.

Port officers conferred like frontier guards: agreements on toll-gates and watering places; settlements of limits and regulations for rights of way.

We were waiting for Plenipotentiaries of the high sea. Ha! that the alliance be offered to us, at last! . . . And the crowd flocked towards the heads of the sea-walls in the white water,

To the edge of the most often used ramps, and as far as the rocky points, level with the sea, which are the sword and the spur in the great stone concepts of the design.

What deceitful star with horned beak had again blurred the numbers, and reversed the signs on the table of the waters?

In the lock basins of the Priests of Commerce, as in the fouled vats of the alchemist and the fuller,

A pale sky diluted the oblivion of earth and its fields of rye . . . White birds soiled the ridge of the high walls.

2

ARCHITECTURE *frontalière. Travaux mixtes des ports . . .*
Nous vous prions, Mer mitoyenne, et vous, Terre d'Abel! Les
prestations sont agréées, les servitudes échangées. Corvéable la
terre au jugement de la pierre!

La mer louable ouvrait ses blocs de jaspe vert. Et l'eau meu-
ble lavait les bases silencieuses.

«Trouve ton or, Poète, pour l'anneau d'alliance; et tes allia-
ges pour les cloches, aux avenues de pilotage.

C'est brise de mer à toutes portes et mer au bout de toutes
rues, c'est brise et mer dans nos maximes et la naissance de nos
lois.

Règle donnée du plus haut luxe: un corps de femme—nombre
d'or!—et pour la Ville sans ivoires, ton nom de femme, Patri-
cienne!»

Car nous tenons tout à louage, et c'est assez d'emmailler
l'heure aux mailles jaunes de nos darses . . .

La mer aux spasmes de méduse menait, menait ses répons
d'or, par grandes phrases lumineuses et grands affres de feu
vert.

Et l'écusson béant encore aux dédicaces d'avant-port, les
hommes de mémoire votaient pour quelque bête ailée;

Mais l'anneau mâle, au mufle des musoirs, sous le trophée
de plume blanche, rêvait, rêvait, parmi l'écume,

De plus lointains relais où fument d'autres encolures . . .

2

Frontier architecture. Harbour works on land and sea
. . . We beseech you, mediating Sea, and you, Earth of
Abel! The prestations are accepted, the easements ex-
changed. The earth subject to forced labour in the judgement
of the stone!

And, praised, the sea opened its blocks of green jasper.
And, moving, the water washed the silent bases.

"Find your gold, Poet, for the ring of alliance; and your
alloys for the bells, in the pilot lanes.

The sea-breeze is at every door and the sea at the end of
every street, breeze and sea in our maxims and in the birth
of our laws.

Rule laid down for the highest luxury: a woman's body—
golden number!—and, for the City without ivories, your
woman's name, Patrician!"

For we hold everything on hire, and it is enough to en-
mesh the hour in the yellow meshes of our sheltered waters . . .

The sea in medusa spasms led and led again its golden re-
sponses, in great luminous phrases and great pangs of green
fire.

And the escutcheon still vacant for the dedications of the
outer harbour, the men of memory voted for some winged
beast;

But the male ring, in the muzzle of the pierheads, under
the white feather trophy, dreamed, dreamed, amid the foam,

Of more distant relays where foam flies from other
manes . . .

3

AILLEURS *l'histoire fut moins claire. Des Villes basses pros-*
péraient dans l'ignorance de la mer, assises entre leurs cinq
collines et leurs biches de fer;

Ou s'élevant, au pas du pâtre, parmi l'herbe, avec les mules
de litière et les attelages du publicain, elles s'en allaient peupler
là-haut tout un versant de terres grasses, décimables.

Mais d'autres, lasses, s'adossaient à l'étendue des eaux par
leurs grands murs d'asiles et de pénitenciers, couleur d'anis et de
fenouil, couleur du séneçon des pauvres.

Et d'autres qui saignaient comme des filles-mères, les pieds
tachés d'écailles et le front de lichen, descendaient aux vasières
du port d'un pas de vidangeuses.

Port d'échouage sur béquilles. Tombereaux aux marges des
lagunes, sur les entablements de maërl et de craie noire.

Nous connaissons ces fins de sentes, de ruelles; ces chaussées
de halage et ces fosses d'usage, où l'escalier rompu déverse son
alphabet de pierre. Nous t'avons vue, rampe de fer, et cette ligne
de tartre rose à l'étiage de basse mer,

Là où les filles de voirie, sous les yeux de l'enfance, se dé-
pouillent un soir de leur linge mensuel.

Ici l'alcôve populaire et sa litière de caillots noirs. La mer
incorruptible y lave ses souillures. Et c'est un lapement de chien-
ne aux caries de la pierre. Il vient aux lignes de suture un
revêtement doux de petites algues violettes, comme du poil de
loutre . . .

Plus haut la place sans margelle, pavée d'or sombre et de nuit
verte comme une paonne de Colchide—la grande rose de pierre
noire des lendemains d'émeute, et la fontaine au bec de cuivre
où l'homme saigne comme un coq.

3

ELSEWHERE the story was less clear. Low-lying Cities prospered in ignorance of the sea, seated among their five hills and their iron deer;

Or going up, at a shepherd's pace, through the grass, with the litter mules and the publican's teams, went to people there, on the heights, a whole slope of fertile, tithable land.

But others, weary, leaned back against the stretch of water with their great walls of asylums and penitentiaries, the colour of anise and of fennel, colour of the groundsel of the poor.

And others, bleeding like girl mothers, their feet spotted with scales and their brows with lichen, descended to the mud flats of the port like women bearing refuse.

Harbour for beaching on props. Dumpcarts on the borders of lagoons, on entablatures of marl and of black chalk.

We know these ends of paths, of alleys; these hauling-slips and these waste pits where the broken stairway spills its alphabet of stone. We have seen you, iron railing, and that line of rose tartar at the low-water mark of the sea,

There where the scavenger girls, before the eyes of children, remove, one evening, their monthly cloth.

Here the people's alcove with its litter of black clots. The incorruptible sea washes away its stains. And it is a bitch's lapping on the caries of the stone. There comes to the lines of suture a soft layer of small violet algae, like an otter's fur.

Higher up the square without curb, paved with dark gold and green night like a peahen of Colchis—the great black stone rose of the days following a riot, and the fountain with the copper beak where man bleeds like a cock.

4

Tu t'en *venais, rire des eaux, jusqu'à ces aîtres du terrien.*

Au loin l'averse traversée d'iris et de faucilles lumineuses s'ouvrait la charité des plaines; les porcs sauvages fouillaient la terre aux masques d'or; les vieillards attaquaient au bâton les vergers; et par-dessus les vallons bleus peuplés d'abois, la corne brève du messier rejoignait dans le soir la conque du mareyeur . . . Des hommes avaient un bruant jaune dans une cage d'osier vert.

Ah! qu'un plus large mouvement des choses à leur rive, de toutes choses à leur rive et comme en d'autres mains, nous aliénât enfin l'antique Magicienne: la Terre et ses glands fauves, la lourde tresse circéenne, et les rousseurs du soir en marche dans les prunelles domestiques!

Une heure avide s'empourprait dans les lavandes maritimes. Des astres s'éveillèrent dans la couleur des menthes du désert. Et le Soleil du pâtre, à son déclin, sous les huées d'abeilles, beau comme un forcené dans les débris de temples, descendit aux chantiers vers les bassins de carénage.

Là s'avinaient, parmi les hommes de labour et les forgerons de mer, les étrangers vainqueurs d'énigmes de la route. Là s'échauffait, avant la nuit, l'odeur de vulve des eaux basses. Les feux d'asile rougeoyaient dans leurs paniers de fer. L'aveugle décelait le crabe des tombeaux. Et la lune au quartier des pythonisses noires

4

You made your way, laughter of the sea, as far as these haunts of the landsman.

Far off, the shower, pierced with the rainbow's irises and with luminous sickles, laid open to itself the charity of the plains; wild boars rooted in the earth of the gold masks; old men attacked the orchards with sticks; and over the blue valleys peopled with barking, the brief horn of the crop-watcher joined in the evening with the conch of the fish-seller . . . Some men had a yellow bunting in a green wicker cage.

Ah! may a broader movement of things to their shore, of all things to their shore as into other hands, alienate from us at last the ancient Sorceress: the Earth, her tawny acorns, the heavy Circean braids, and the red evening moving in the pupils of tamed eyes!

An avid hour turned purple in the sea lavender. Stars awakened in the colour of desert mint. And the shepherd's Sun, in its setting, under the hissing of bees, beautiful as a madman in temple ruins, went down to the yards towards the careening-beaches.

There, among ploughmen and sea blacksmiths, strangers victorious over enigmas on the highways, drank their fill of wine. There, before the night, the vulva smell of low waters began to rise. The shelter lights grew red in their iron baskets. The blind men sensed the crab of the tombs. And the Moon in the quarter of the black pythonesses

Se grisait d'aigres flûtes et de clameurs d'étain: «Tourment des hommes, feu du soir! Cent dieux muets sur leurs tablettes de pierre! Mais la mer à jamais derrière vos tables de famille, et tout ce parfum d'algue de la femme, moins fade que le pain des prêtres . . . Ton cœur d'homme, ô passant, campera ce soir avec les gens du port, comme un chaudron de flammes rouges sur la proue étrangère.»

Avis au Maître d'astres et de navigation.

Grew intoxicated on sour flutes and tin clamour: "Torment of men, fire of the evening! A hundred mute gods on their stone tablets! But the sea for ever behind your family tables, and all this seaweed perfume of woman, less insipid than the bread of priests. . . . Your heart of a man, O passer-by, will camp tonight with the harbour men, like a cauldron of red flames on the foreign prow."

Warning to the Master of stars and navigation.

DU MAÎTRE D'ASTRES
ET DE NAVIGATION . . .

D<small>U</small> M<small>AÎTRE</small> *d'astres et de navigation:*

> «*Ils m'ont appelé l'Obscur, et mon propos était de mer.*
> *L'Année dont moi je parle est la plus grande Année; la Mer*
> *où j'interroge est la plus grande Mer.*
> *Révérence à ta rive, démence, ô Mer majeure du désir . . .*
> *La condition terrestre est misérable, mais mon avoir im-*
> *mense sur les mers, et mon profit incalculable aux tables d'outre-*
> *mer.*

> *Un soir ensemencé d'espèces lumineuses*
> *Nous tient au bord des grandes Eaux comme au bord de son*
> *antre la Mangeuse de mauves,*
> *Celle que les vieux Pilotes en robe de peau blanche*
> *Et leurs grands hommes de fortune porteurs d'armures et*
> *d'écrits, aux approches du roc noir illustré de rotondes, ont cou-*
> *tume de saluer d'une ovation pieuse.*

> *Vous suivrai-je, Comptables! et vous Maîtres du nombre!*
> *Divinités furtives et fourbes, plus que n'est, avant l'aube, la*
> *piraterie de mer?*

II

FROM THE MASTER OF STARS
AND NAVIGATION . . .

From the Master of stars and navigation:

"They called me the Dark One, and my words were of the sea.

The Year I speak of is the greatest Year; the Sea where I question is the greatest Sea.

Reverence to your shore, madness, O major Sea of desire . . .

The earthly condition is miserable, but my ownership on the seas is immense, and my profit incalculable on the tables beyond the seas.

An evening sown with luminous species

Holds us on the edge of great Waters as on the edge of her cave the Eater of mallows,

She whom the old Pilots in robes of white skin

And their great men of destiny, bearers of armour and of writings, at the approach to the black rock honoured with white domes, are accustomed to salute with a pious ovation.

Shall I follow you, Accountants! and you Masters of the number!

Divinities more furtive and villainous than piracy at sea before the dawn?

39

Les agioteurs de mer s'engagent avec bonheur

Dans les spéculations lointaines: les postes s'ouvrent,
innombrables, au feu des lignes verticales . . .

Plus que l'Année appelée héliaque en ses mille et milliers
De millénaires ouverte, la Mer totale m'environne. L'abîme
infâme m'est délice, et l'immersion, divine.

Et l'étoile apatride chemine dans les hauteurs du Siècle vert,
Et ma prérogative sur les mers est de rêver pour vous ce rêve
du réel . . . Ils m'ont appelé l'Obscur et j'habitais l'éclat.»

*

«Secret du monde, va devant! Et l'heure vienne où la barre
Nous soit enfin prise des mains! . . . J'ai vu glisser dans
l'huile sainte les grandes oboles ruisselantes de l'horlogerie
céleste,

De grandes paumes avenantes m'ouvrent les voies du songe
insatiable,

Et je n'ai pas pris peur de ma vision, mais m'assurant avec
aisance dans le saisissement, je tiens mon œil ouvert à la faveur
immense, et dans l'adulation.

Seuil de la connaissance! avant-seuil de l'éclat! . . .
Fumées d'un vin qui m'a vu naître et ne fut point ici foulé.

La mer elle-même comme une ovation soudaine! Concilia-
trice, ô Mer, et seule intercession! . . . Un cri d'oiseau sur les
récifs, la brise en course à son office,

40

Sea gamblers engage with success

In distant speculations: innumerable headings, open to the lighting of vertical lines . . .

More than the Year called heliacal in its thousands and millions

Of millenniums, open, the total Sea encompasses me. The infamous abyss is delight to me, and immersion, divine.

And the wandering star of no allegiance travels in the heights of the green Century,

And my prerogative on the seas is to dream for you this dream of the real . . . They called me the Dark One and I dwelt in radiance."

*

"Secret of the world, go forward! And may the hour come when the helm

At last is taken from our hands! . . . I saw slipping through the holy oil the large lustrous obols of the celestial clock-work,

Great welcoming hands open for me the ways of the insatiable dream,

And I had no fear of my vision, but taking my ease in the seizure, I keep my eyes open to the immense favour, and in adulation.

Threshold of knowledge! doorsteps of glory! . . . Fumes of a wine that saw me born and was not pressed here.

The sea itself like a sudden ovation! Conciliator, O Sea, and sole intercessor! . . . A bird's cry on the reefs, the wind in course to its function,

Et l'ombre passe d'une voile aux lisières du songe . . .

Je dis qu'un astre rompt sa chaîne aux étables du Ciel. Et l'étoile apatride chemine dans les hauteurs du Siècle vert . . . Ils m'ont appelé l'Obscur et mon propos était de mer.»

✷

«Révérence à ton dire, Pilote. Ceci n'est point pour l'œil de chair,

Ni pour l'œil blanc cilié de rouge que l'on peint au plat-bord des vaisseaux. Ma chance est dans l'adulation du soir et dans l'ivresse bleu d'argus où court l'haleine prophétique, comme la flamme de feu vert parmi la flore récifale.

Dieux! nul besoin d'arômes ni d'essences sur les réchauds de fer, à bout de promontoires,

Pour voir passer avant le jour, et sous ses voiles déliés, au pas de sa féminité, la grande aube délienne en marche sur les eaux . . .

—Toutes choses dites dans le soir et dans l'adulation du soir. Et toi qui sais, Songe incréé, et moi, créé, qui ne sais pas, que faisons-nous d'autre, sur ces bords, que disposer ensemble nos pièges pour la nuit?

Et Celles qui baignent dans la nuit, au bout des îles à rotondes,

Leurs grandes urnes ceintes d'un bras nu, que font-elles d'autre, ô pieuses, que nous-mêmes? . . . Ils m'ont appelé l'Obscur et j'habitais l'éclat.»

And the shadow of a sail passes at the borders of the dream . . .

I say that a star breaks its chain in the stables of Heaven. And the star of no allegiance travels in the heights of the green Century . . . They called me the Dark One and my words were of the sea."

*

"Reverence to your speech, Pilot. This is not for the eye of the flesh,

Nor for the white eye lashed with red that is painted on the gunwale of vessels. My chance is in the adulation of evening and in the argus-blue hour of intoxication where flows the prophetic breath, like the flame of green fire among the flora of the reef.

O gods! no need of aromas or essences in the iron braziers, on the points of promontories,

To see pass, before the day, and under its loosened veils, at the pace of her femininity, the great Delian dawn in progress over the waters . . .

—All things spoken at evening and in the adulation of evening,

And you who know, increate Dream, and I, created, who know not, what do we do, on these shores, but spread together our nets for the night?

And the Women who bathe in night, at the ends of islands honoured with white domes,

Their tall urns encircled with a bare arm, what do they do, O pious ones, more than we do? . . . They called me the Dark One and I dwelt in radiance."

III

LES TRAGÉDIENNES
SONT VENUES . . .

Les Tragédiennes sont venues, descendant des carrières. Elles ont levé les bras en l'honneur de la Mer: «Ah! nous avions mieux auguré du pas de l'homme sur la pierre!

Incorruptible Mer, et qui nous juge! . . . Ah! nous avions trop présumé de l'homme sous le masque! Et nous qui mimons l'homme parmi l'épice populaire, ne pouvions-nous garder mémoire de ce plus haut langage sur les grèves?

Nos textes sont foulés aux portes de la Ville—porte du vin, porte du grain—. Les filles traînent au ruisseau nos larges perruques de crin noir, nos lourdes plumes avariées, et les chevaux s'empêtrent du sabot dans les grands masques de théâtre.

O Spectres, mesurez vos fronts de singes et d'iguanes à l'ove immense de nos casques, comme au terrier des conques la bête parasite . . . De vieilles lionnes au désert accablent les margelles de pierre de la scène. Et la sandale d'or des grands Tragiques luit dans les fosses d'urine de l'arène.

Avec l'étoile patricienne et les clefs vertes du Couchant.»

III

THE TRAGEDIENNES
CAME . . .

THE Tragediennes came, descending from the quarries. They raised their arms high in honour of the Sea: "Ah! we had augured better of man's stature on the stone!

Incorruptible Sea judging us! . . . Ah! we had presumed too much of man under the mask! And we who mime man in the spice of the crowd, could we not hold memory of that highest language on the shores?

Our texts are trampled at the gates of the City—the wine gate, the grain gate—. Town girls drag in the gutter our wide wigs of black horsehair, our heavy damaged feathers, and the horses' hoofs are caught in the great theatre masks.

O Spectres, measure your brows of monkeys and iguanas in the immense oval of our helmets, like the parasite creature in the chamber of the conch . . . Old lionesses in the desert lie heavily on the stone borders of the stage. And the golden sandal of the great Tragedians shines in the urine pits of the arena

With the patrician star and the green keys of the setting sun."

*

«Mais *nous levons encore nos bras en l'honneur de la Mer.
A l'aisselle safranée toute l'épice et le sel de la terre!—haut
relief de la chair, modelée comme une aine, et cette offrande encore de l'argile humaine où perce la face inachevée du dieu.*

*A l'hémicycle de la Ville, dont la mer est la scène, l'arc
tendu de la foule nous tient encore sur sa corde. Et toi qui danses
danse de foule, haute parole de nos pères, ô Mer tribale sur ta
lande, nous seras-tu mer sans réponse et songe plus lointain
qu'un songe de Sarmate?*

*La roue du drame tourne sur la meule des Eaux, broyant
la violette noire et l'ellébore dans les sillons ensanglantés du soir.
Toute vague vers nous lève son masque d'acolyte. Et nous, levant
nos bras illustres, et nous tournant encore vers la Mer, à notre
aisselle nourrissant les mufles ensanglantés du soir,*

*Parmi la foule, vers la Mer, nous nous mouvons en foule, de
ce mouvement très large qu'empruntent à toute houle nos larges
hanches de rurales—ah! plus terriennes que la plèbe et que le blé
des Rois!*

*Et nos chevilles aussi sont peintes de safran, nos paumes
peintes de murex en l'honneur de la Mer!*»

*

"But again we raise our arms high in honour of the Sea. In the saffroned arm-pit all the spices and salts of the earth! —high relief of the flesh, modelled like a groin, and again this offering of human clay where the expected face of the god is taking shape.

At the hemicycle of the City, where the sea is the stage, the bent bow of the crowd still holds us on its string. And you who dance the crowd's dance, lofty word of our fathers, O tribal Sea on your heath, will you be for us a sea without response and a dream more distant than a Sarmatian's dream?

The wheel of drama turns on the millstone of the Waters, crushing the black violet and the hellebore in the blood-soaked furrows of evening. Each wave raises towards us its acolyte's mask. And we, raising our illustrious arms, and turning again towards the Sea, at our arm-pit feeding the blood-stained muzzles of evening,

In the midst of the crowd, towards the Sea, we move as a crowd, with that very broad movement which our wide hips of country women borrow from every ocean swell—ah! more earthy than the plebs and the wheat of Kings!

And our ankles also are painted with saffron, our palms painted with murex in honour of the Sea!"

*

Les *Tragédiennes sont venues, descendant les ruelles. Se sont mêlées aux gens du port dans leurs habits de scène. Se sont frayé leur route jusqu'au rebord de mer. Et dans la foule s'agençaient leurs vastes hanches de rurales. «Voici nos bras, voici nos mains! nos paumes peintes comme des bouches, et nos blessures feintes pour le drame!»*

Elles mêlaient aux événements du jour leurs vastes pupilles diluées et leurs paupières fabuleuses en forme de navettes. A la fourche des doigts l'orbite vide du très grand masque entroué d'ombres comme la grille du cryptographe. «Ah! nous avions trop présumé du masque et de l'écrit!»

Elles descendirent, et leurs voix mâles, les escaliers sonores du port. Menant jusqu'au rebord de mer leurs reflets de grands murs et leurs blancs de céruse. Et de fouler la pierre étoilée d'astres des rampes et des môles, voici qu'elles retrouvaient ce pas de vieilles lionnes ensellées au sortir des tanières . . .

«Ah! nous avions mieux auguré de l'homme sur la pierre. Et nous marchons enfin vers toi, Mer légendaire de nos pères! Voici nos corps, voici nos bouches; nos larges fronts au double lobe de génisses, et nos genoux modelés en forme de médailles, d'un très large module. Agréeras-tu, Mer exemplaire, nos flancs marqués de vergetures par les maturations du drame? Voici nos gorges de Gorgones, nos cœurs de louves sous la bure, et nos tétines noires pour la foule, nourrices d'un peuple d'enfants-

*

The Tragediennes have come, descending the small streets. They have mingled with the people of the port, in their stage dress. Have made their way to the edge of the sea. And their broad hips of country women settle into the crowd. "Behold our arms, behold our hands! our palms painted like mouths, and our wounds feigned for the drama!"

They joined with the events of the day their large fluid pupils and their fabulous eyelids in the forms of shuttles. At the fork of fingers the empty sockets of the great mask gaping with dark holes like the stencil of the cryptographer. "Ah! we had expected too much of the mask and the written word!"

They descended, with their male voices, the echoing stairs of the harbour. Bringing to the edge of the sea their reflection of great walls and their whiteness of ceruse. And from treading the star-studded stone of the stairways and breakwaters, they recovered the gait of old sway-backed lionesses leaving their dens . . .

"Ah! we had augured better of man's stature on the stone. And at last we are walking towards you, legendary Sea of our fathers! Behold our bodies, behold our mouths; our broad foreheads with the double lobe of heifers, and our knees modelled in the form of medals, from a very wide module. Will you accept, exemplary Sea, our flanks scored with stretchmarks by the ripenings of the drama? Behold our breasts of Gorgons, our hearts of she-wolves under the frieze cloaks, and our black teats for the crowd, nursing a people

rois. Nous faudra-t-il, haussant la bure théâtrale, au bouclier sacré du ventre produire le masque chevelu du sexe,

Comme au poing du héros, par sa touffe de crin noir contre l'épée hagarde, la tête tranchée de l'Étrangère ou de la Magicienne? »

*

« Oui, *ce fut un long temps d'attente et de sécheresse, où la mort nous guettait à toutes chutes de l'écrit. Et l'ennui fut si grand, parmi nos toiles peintes, l'écœurement en nous si grand, derrière nos masques, de toute l'œuvre célébrée! . . .*

Nos cirques de pierre ont vu décroître le pas de l'homme sur la scène. Et certes nos tables de bois d'or furent parées de tous les fruits du siècle, et nos crédences d'avant-scène de tous les vins du mécénat. Mais la lèvre divine errait sur d'autres coupes, et la Mer à longs traits se retirait des songes du Poète.

La Mer au sel violet nous disputera-t-elle les filles hautaines de la gloire? . . . Où notre texte, où notre règle? . . . Et pour parer encore aux charges de la scène, en quels cours de Despotes nous faudra-t-il chercher caution de nos grands Commensaux?

Toujours il y eut, derrière la foule riveraine, ce pur grief d'un autre songe—ce plus grand songe d'un autre art, ce plus grand songe d'une autre œuvre, et cette montée toujours du plus grand masque à l'horizon des hommes, ô Mer vivante du plus

of child kings. Or do we, raising the theatrical frieze, need to produce on the sacred shield of the belly the hairy mask of sex,

As in the fist of the hero, by its tuft of black hair against the haggard sword, the severed head of a woman—Stranger or Magician?"

*

"Yes, it was a long time of waiting and dryness, when death watched for us at every fall of the writing. And boredom was so great in us, among our painted scenes, nausea in us so great, behind our masks, at all the celebrated works! . . .

Our stone circles have seen the step of man diminish on the stage. And certainly our tables of golden wood were adorned with all the fruits of the century, and our front-stage consoles with all the wines of Maecenas. But the divine lips strayed to other cups, and the Sea in long draughts withdrew from the dreams of the Poet.

Will the Sea of violet salt steal from us the haughty daughters of glory? . . . Where is our text, where is our rule? . . . And to provide against the charges of the theatre, in which courts of Despots shall we have to seek for great patrons and hosts?

Always there was, behind the crowd on the shore, this pure grievance of another dream—this greater dream of another art, this great dream of another work, and this rising, always, of the greatest mask at the horizon of men, O living

grand texte! . . . *Tu nous parlais d'un autre vin des hommes,
et sur nos textes avilis il y eut soudain cette bouderie des lèvres
qu'engendre toute satiété,*

  *Et nous savons maintenant ce qui nous arrêtait de vivre, au
milieu de nos strophes.»*

          *

«N*ous t'appelons, reflux! nous guetterons, houle étrangère,
ta course errante par le monde. Et s'il nous faut, plus libres,
nous faire plus neuves pour l'accueil, nous dépouillons en vue de
mer tout équipement et toute mémoire.*

 *O Mer nourrice du plus grand art, nous Vous offrons nos
corps lavés dans les vins forts du drame et de la foule. Nous
déposons en vue de mer, comme aux abords des temples, nos
harnachements de scène et nos accoutrements d'arène. Et comme
les filles de foulons aux grandes fêtes trisannuelles—ou celles
qui brassent du bâton la couleur mère dans les bacs, et celles
rouges jusqu'à l'aine qui pressent nues les grappes dans la cuve
—exposent sur la voie publique leurs ustensiles d'un bois pauvre,
nous portons à l'honneur les instruments usés de notre office.*

 *Nos masques et nos thyrses nous déposons, nos tiares et scep-
tres déposons, et nos grandes flûtes de bois noir comme des férules
de magiciennes—nos armes aussi et nos carquois, nos cottes
d'écailles, nos tuniques, et nos toisons des très grands rôles; nos
beaux cimiers chargés de plume rose et nos coiffures des camps
barbares à double corne de métal, nos boucliers massifs aux
gorges de déesses, nous déposons, nous déposons! . . . Pour*

Sea of the greatest text! . . . You spoke to us of another wine of men, and over our debased texts there was suddenly that reluctance of the lips which all satiety creates,

And we know now what took the life from us, in the middle of our strophe."

✱

"Ebb-tide, we call on you! strange sea swell, we shall watch your errant course round the world. And if, freer, we must make ourselves fresher for the welcome, we strip off, in sight of the sea, all equipment and all memory.

O Sea nourisher of the greatest art, we offer You our bodies washed in the strong wines of drama and of the crowd. We lay down, in sight of the sea, as on the approaches to the temples, our trappings of the stage and our accoutrements for the arena. And like the daughters of fullers in the great triennial festivities—or the women who stir with the stick the mother colour in tanks, and those, naked and red to the groin, who press grapes in the vats—expose on the public way their utensils of a poor wood, we raise to honour the worn instruments of our office.

Our masks and our thyrsi we lay down, our tiaras and sceptres also, and our long flutes of black wood like the rods of magicians—our arms also and our quivers, our coats of mail, our tunics, and our fleeces of the very great roles; our fine helmets crested with pink plumes and our head-dresses of Barbarian camps twin-horned in metal, our massive bucklers breasted like goddesses, we lay them down, we lay

53

vous, Mer étrangère, nos très grands peignes d'apparat, comme des outils de tisserandes, et nos miroirs d'argent battu comme les crotales de l'Initiée; nos grands joyaux d'épaule en forme de lucanes, nos grandes agrafes ajourées et nos fibules nuptiales.

Nos voiles aussi nous déposons, nos bures peintes du sang des meurtres, nos soieries teintes du vin des Cours; et nos bâtons aussi de mendiantes, et nos bâtons à crosse de suppliantes—avec la lampe et le rouet des veuves, et la clepsydre de nos gardes, et la lanterne de corne du guetteur; le crâne d'oryx gréé en luth, et nos grands aigles ouvragés d'or et autres trophées du trône et de l'alcôve—avec la coupe et l'urne votive, l'aiguière et le bassin de cuivre pour l'ablution de l'hôte et le rafraîchissement de l'Étranger, les buires et fioles du poison, les coffrets peints de l'Enchanteresse et les présents de l'Ambassade, les étuis d'or pour le message et les brevets du Prince travesti—avec la rame du naufrage, la voile noire du présage et les flambeaux du sacrifice; avec aussi l'insigne royal, et les flabelles du triomphe, et les trompettes de cuir rouge de nos Annonciatrices . . . tout l'appareil caduc du drame et de la fable, nous déposons! nous déposons! . . .

Mais nous gardons, ô Mer promise! avec nos socques de bois dur, nos anneaux d'or en liasse à nos poignets d'amantes, pour la scansion d'œuvres futures, de très grandes œuvres à venir, dans leur pulsation nouvelle et leur incitation d'ailleurs.»

down! . . . For you, foreign Sea, our very great ceremonial combs, like weavers' tools, and our mirrors of beaten silver like the small cymbals of the woman Initiate; our great shoulder jewels in the shape of stag-beetles, our great open-work clasps and our nuptial fibulae.

Our veils also we lay down, our frieze cloaks painted with the blood of murders, our silks tinted with wine of the Courts; and our staves also of beggarwomen, and our crooks of suppliants—with the lamp and the spinning wheel of the widows, and the clepsydra of our guards, and the horn lantern of the watch; the oryx's skull rigged as a lute, and our great eagles worked in gold and other trophies of the throne and alcove—with the cup and votive urn, the ewer and copper basin for the guest's ablutions, and the Stranger's refreshment, the flagons and phials of the poison, the painted caskets of the Enchantress and the gifts of the Emissary, the golden cases for the message and the papers of the Prince in disguise—with the oar from the shipwreck, the black sail of the portent and the torches of sacrifice; with also the royal insignia, and the tall fans of triumph, and the red leather trumpets of our women Messengers . . . the whole decaying apparatus of drama and fable, we lay down! we lay down! . . .

But we keep, O promised Sea! with our clogs of hard wood, our golden rings in bunches on our wrists of lovers, for the scansion of future works, very great works to come, in their new pulsation and their incitement from elsewhere."

*

«Dénuement! *dénuement!* . . . *Nous implorons qu'en vue de mer il nous soit fait promesse d'œuvres nouvelles: d'œuvres vivaces et très belles, qui ne soient qu'œuvre vive et ne soient qu'œuvre belle—de grandes œuvres séditieuses, de grandes œuvres licencieuses, ouvertes à toutes prédations de l'homme, et qui recréent pour nous le goût de vivre l'homme, à son écart, au plus grand pas de l'homme sur la pierre.*

Très grandes œuvres et telles, sur l'arène, qu'on n'en sache plus l'espèce ni la race . . . Ah! qu'un grand style encore nous surprenne, en nos années d'usure, qui nous vienne de mer et de plus loin nous vienne, ah! qu'un plus large mètre nous enchaîne à ce plus grand récit des choses par le monde, derrière toutes choses de ce monde, et qu'un plus large souffle en nous se lève, qui nous soit comme la mer elle-même et son grand souffle d'étrangère!

De plus grand mètre à nos frontières, il n'en est point qu'on sache. Enseigne-nous, Puissance! le vers majeur du plus grand ordre, dis-nous le ton du plus grand art, Mer exemplaire du plus grand texte! le mode majeur enseigne-nous, et la mesure enfin nous soit donnée qui, sur les granits rouges du drame, nous ouvre l'heure dont on s'éprenne! . . . Au mouvement des eaux princières, qui renouera pour nous la grande phrase prise au peuple?

Nos hanches qu'enseigne toute houle, à ce mouvement lointain de foule déjà s'émeuvent et s'apparentent. Qu'on nous appelle encore sur la pierre, à notre pas de Tragédiennes! Qu'on nous oriente encore vers la mer, sur le grand arc de pierre nue dont la corde est la scène, et qu'on nous mette entre les mains,

*

"DESTITUTION! Destitution! . . . We beg that in sight of the sea promise shall be made to us of new works: of strong and very beautiful works, which are all strength and will and which are all beauty—great seditious works, great licentious works, open to every audacity of man, and which will re-create for us the desire to live the part of man, in his own measure, at the greatest stride of man on the stone.

Very great works and such, in the arena, that men will no longer know their species or their race . . . Ah! may a lofty style again surprise us, in our wasting years, which will come to us from the sea and farther than the sea, ah! may a larger metre chain us to that greater narration of things throughout the world, behind all things of this world, and may a larger breath rise up in us which will be to us like the sea itself and its great breath of a stranger!

Of a greater metre at our frontiers, there is nothing known. Teach us, Power! the major verse of the greatest or-der, give us the tone of the greatest art, exemplary Sea of the greatest text! teach us the major mode, and may the rhythm at last be given us which, on the red granite of drama, will open to us the hour of which we are enamoured! . . . To the movement of the princely waters who will again tie for us the great phrase taken from the people?

Our hips, that every sea swell teaches, are already roused and related to the distant movement of the crowd. Let us again be summoned on the stone, at our pace of Tragedi-ennes! Let us again be oriented towards the sea, on the great arc of bare stone whose chord is the stage, and let there be

pour la grandeur de l'homme sur la scène, de ces grands textes que nous disons: ensemencés d'éclairs et semoncés d'orages, comme brûlés d'orties de mer et de méduses irritantes, où courent avec les feux du large les grands aveux du songe et les usurpations de l'âme. Là siffle la pieuvre du plaisir; là brille l'étincelle même du malheur, comme le sel violet de mer aux flammes vertes des feux d'épaves . . . Donnez-nous de vous lire, promesses! sur de plus libres seuils, et les grandes phrases du Tragique, dans l'or sacré du soir, nous surprendront encore au-dessus de la foule,

Comme au-delà du Mur de pierre, sur la haute page tendue du ciel et de la mer, ces longs convois de nefs sous voiles qui doublent soudain la pointe des Caps, pendant l'évolution du drame sur la scène . . .»

✳

*«*A*H!* NOTRE *cri fut cri d'Amantes! Mais nous-mêmes, Servantes, qui donc nous visitera dans nos chambres de pierre, entre la lampe mercenaire et le trépied de fer de l'épileuse? Où notre texte? où notre règle? Et le Maître, quel est-il, qui nous relèvera de notre déchéance? Où donc Celui—ah qu'il nous tarde! —qui de nous sache se saisir, et murmurantes encore nous élève, aux carrefours du drame, comme un puissant branchage aux bouches des sanctuaires?*

Ah! qu'il vienne, Celui—nous viendra-t-il de mer ou bien des Iles?—qui nous tiendra sous sa férule! De nous, vivantes, qu'il se saisisse, ou de lui nous nous saisirons! . . . Homme

placed in our hands, for the greatness of man on the stage, some of those great texts of which we spoke: sown with lightning flashes and hailed with storms, as burned with sea nettles and irritant medusae, where speed with the fires of the open sea great confessions of dreams and bold ventures of the soul. There hisses the hydra head of pleasure; there shines the very spark of woe, like the violet salt of the sea in the green flames of burning wrecks . . . Grant that we may read you, promises! on freer thresholds, and the great phrases of Tragedy, in the sacred gold of evening, will surprise us again above the heads of the crowd,

As beyond the Wall of stone, on the high spreading page of sky and sea, those long convoys of ships under sail which suddenly round the point of the Capes, during the unfolding of the drama on the stage . . ."

*

"Ah! our cry was that of Lovers! But ourselves, Serving-women, who then will visit us in our stone chambers, be-tween the menial lamp and the iron tripod of the depilator? Where is our text? where our rule? And who is the Master who will raise us from our fall? Where is the One—how we long to see him—who will know how to seize us, and raise us still murmuring, at the cross-roads of drama, like strong boughs at the mouths of sanctuaries?

Ah! may He come—will it be from the sea or from the Is-lands?—who will keep us under his rod! May he seize us, living women, or we will seize him! . . . A man new in his

nouveau dans son maintien, indifférent à son pouvoir et peu soucieux de sa naissance: les yeux encore brûlés des mouches écarlates de sa nuit . . . Qu'il assemble en ses rênes ce très grand cours épars des choses errantes dans le siècle!

A cette crispation secrète d'une aigle dans nos flancs, nous connaîtrons l'approche despotique—comme à ce froncement d'un souffle sur les eaux, bouderie secrète du génie flairant au loin la piste de ses dieux . . . Textuelle, la Mer

S'ouvre nouvelle sur ses grands livres de pierre. Et nous n'avions trop présumé des chances de l'écrit! . . . Écoute, homme des dieux, le pas du Siècle en marche vers l'arène.— Nous, hautes filles safranées dans les conseils ensanglantés du soir, teintes des feux du soir jusqu'en la fibre de nos ongles, nous lèverons plus haut nos bras illustres vers la Mer! . . .

Nous requérons faveur nouvelle pour la rénovation du drame et la grandeur de l'homme sur la pierre.»

bearing, indifferent to his power and unconcerned with his birth: his eyes still burning from the scarlet flies of his night . . . May he gather under his reins this very large scattered course of wandering things in our age!

By that secret spasm of an eagle in our flanks, we shall know the despotic approach—as at the ruffling of a breeze over the waters, secret sulkiness of the genius scenting far off the trail of his gods . . . A new text, the Sea

Lies open on its great stone books. And we had not over-rated the chances of the written word! . . . Listen, man of the gods, to the step of the Century marching towards the arena.—We, tall saffroned girls in the blood-stained councils of evening, dyed with the fires of evening even to the grain of our nails, we will raise higher our illustrious arms towards the Sea! . . .

We solicit new favour for the renovation of the drama and the greatness of man on the stone."

IV

LES PATRICIENNES AUSSI
SONT AUX TERRASSES . . .

Les Patriciennes aussi sont aux terrasses, les bras chargés de roseaux noirs:

«Nos livres lus, nos songes clos, n'était-ce que cela? Où donc la chance, où donc l'issue? Où vint la chose à nous manquer, et le seuil quel est-il, que nous n'avons foulé?

Noblesse, vous mentiez; naissance, trahissiez! O rire, gerfaut d'or sur nos jardins brûlés! . . . Le vent soulève aux Parcs de chasse la plume morte d'un grand nom.

La rose un soir fut sans arôme, la roue lisible aux cassures fraîches de la pierre, et la tristesse ouvrit sa bouche dans la bouche des marbres. (Dernier chantant à nos treillages d'or, le Noir qui saigne nos lionceaux et donnera ce soir l'envol à nos couvées d'Asie.)

Mais la Mer était là, que nul ne nous nommait. Et tant de houles s'alitaient aux paliers de nos cèdres! . . . Se peut-il, se peut-il—avec tout l'âge de la mer dans nos regards de femmes, avec tout l'astre de la mer dans nos soieries du soir

Et tout l'aveu de mer au plus intime de nos corps—se

THE PATRICIAN WOMEN ALSO
ARE ON THE TERRACES . . .

THE Patrician Women also are on the terraces, their arms
laden with black reeds:

"Our books read, our dreams closed, was that all there
was? Where then is the fortune, where the issue? Where did it
come to fail us, and which is the threshold that we did not
cross?

Nobility, you lied; birth, you betrayed! O laughter,
golden gerfalcon over our scorched gardens! . . . The wind
raises in the Deer Parks the dead feather of a great name.

The rose one evening was without perfume, the wheel
legible in the fresh cracks of the curbstone, and sadness
opened its mouth in the mouth of the marbles. (The last to
sing before our golden trellises, the Black who bleeds our lion
cubs and will, this evening, give flight to our coveys of Asia.)

But the Sea was there, that no one named to us. And such
great swells came to rest on the shelves of our cedars! . . .
Could it be, could it be—with all the age of the sea in our
women's eyes, with all the sunlit sea mirrored in our silks of
the evening

And the whole confession of the sea in the most secret

peut-il, ô prudence! qu'on nous ait cru tenir un si long temps derrière les ifs et les flambeaux de Cour et ces boiseries sculptées de cèdre ou de thuya, parmi ces feuilles que l'on brûle? . . .

Un soir d'étrange rumeur à nos confins de fête, quand l'honneur désertait les fronts les plus aimés, nous sommes sorties seules de ce côté du soir et des terrasses où l'on entend croître la mer à nos confins de pierre.

Marchant vers ce très grand quartier d'oubli, comme au bas de nos parcs vers l'abreuvoir de pierre et les abords pavés des mares où l'on soudoie le Maître d'écuries, nous avons recherché les sentes et l'issue.

Et nous voici soudain de ce côté du soir et de la terre où l'on entend croître la mer à ses confins de mer . . .»

*

«Avec nos pierres étincelantes et nos joyaux de nuit, seules et mi-nues dans nos vêtements de fête, nous nous sommes avancées jusqu'aux corniches blanches sur la mer. Là terrestres, tirant

La vigne extrême de nos songes jusqu'à ce point sensible de rupture, nous nous sommes accoudées au marbre sombre de la mer, comme à ces tables de lave noire serties de cuivre où s'orientent les signes.

Au seuil d'un si grand Ordre où l'Aveugle officie, nous nous sommes voilé la face du songe de nos pères. Et comme d'un pays futur on peut aussi se souvenir,

Il nous est souvenu du lieu natal où nous n'avons naissance, il nous est souvenu du lieu royal où nous n'avons séance,

Et c'est depuis ce temps que nous entrons aux fêtes, le front comme couronné de pommes de pin noires.»

64

intimacy of our beings—could it be, O prudence! that they thought to keep us so long behind the yews and the torches of the Court and those sculptured panellings of cedar or thuja, among the burning leaves? . . .

One evening of strange rumours on the confines of our feasts, when honour had deserted the most beloved brows, we went out alone on that side of the evening and the terraces where one hears the sea rise on our stone confines.

Walking towards this very large area of oblivion, as below our parks towards the stone watering-trough and the paved border of the ponds where one bribes the Stable-master, we looked for the foot-paths and the way out.

And there we were suddenly on that side of the evening and the earth where one hears the sea rise on its confines of sea . . ."

＊

"With our dazzling stones and our night jewels, alone and half naked in our festival garments, we advanced to the white cornices above the sea. There, creatures of the earth, stretching

The extreme vine of our dreams to that sensitive point of rupture, we leaned our elbows on the dark marble of the sea, as on those tables of black lava set in copper where signs are oriented.

On the threshold of so great an Order where the Blind One officiates, we veiled our faces with the dream of our fathers. And as one also remembers a country of the future,

We remembered the natal place where we were not born, we remembered the royal place where we have no seat,

And it is since that time that we entered the festivals, our brows as though crowned with black pine-cones."

✳

«Tressaille, ô Mère des présages, jusqu'en nos linges d'épousailles! Mer implacable sous le voile, ô mer mimée des femmes en travail, sur leurs hauts lits d'amantes ou d'épouses! . . . L'inimitié qui règle nos rapports

Ne nous retiendra point d'aimer. Que le bétail enfante des monstres à la vue de ton masque! nous sommes d'autre caste, et de celles qui conversent avec la pierre levée du drame: nous pouvons contempler l'horreur et la violence sans imprégner nos filles de laideur.

Inquiètes, nous t'aimons d'être ce Camp des Rois où courent, coiffées d'or, les chiennes blanches du malheur. Avides, nous t'envions ce champ de pavots noirs où s'affourche l'éclair. Et nous nous émouvons vers toi d'une passion sans honte, et de tes œuvres, en songe, concevons.

Voici que tu n'es plus pour nous figuration murale ni broderie de temple, mais dans la foule de ta feuille, comme dans la foule de ton peuple, très grande rose d'alliance et très grand arbre hiérarchique—comme un grand arbre d'expiation à la croisée des routes d'invasion,

Où l'enfant mort se berce avec les gourdes d'or et les tronçons de glaives ou de sceptres, parmi les effigies d'argile noire, les chevelures tressées de paille et les grandes fourches de corail rouge, mêlant l'offrande tributaire à la dépouille opime.

D'autres ont vu ta face de midi, où luit soudain la majesté terrible de l'Ancêtre. Et le guerrier qui va mourir se couvre en

*

"Be one with us, O Mother of portents, even in our nuptial linens! Implacable Sea under the veil, O sea teacher of women in labour, on their lofty beds of lovers or wives! . . . The enmity rooted between us

Will not keep us from loving. Let the cattle give birth to monsters at the sight of your mask! we are of another caste, and of those who converse with the standing stones of drama: we can contemplate horror and violence without impregnating our daughters with ugliness.

Apprehensive, we love you for being this Camp of Kings where, capped with gold, run the white bitches of misfortune. Avid, we envy you this field of black poppies where forked lightning anchors. And we are moved towards you with a passion without shame, and by your act, in our dreams, we conceive.

Now you are no longer for us a mural figure or a temple embroidery, but in the crowd of your leaf, as in the crowd of your people, a very great rose of alliance and a very great hierarchical tree—like a great tree of expiation at the meeting of invasion roads,

Where the dead child hangs swaying among golden gourds and stumps of swords, of sceptres, among effigies of black clay, and braids of hair plaited with straw, and great forks of red coral mingling the tribute offering with the regal spoils.

Others have seen your noonday face, where the terrible majesty of the Ancestor suddenly shines. And the warrior who is about to die covers himself in dreams with your

songe de tes armes, la bouche pleine de raisin noir. Et ton éclat de mer est dans la soie du glaive et dans la cécité du jour,

Et ta saveur de mer est dans le pain du sacre, et dans le corps des femmes que l'on sacre. «Tu m'ouvriras tes tables dynastiques», dit le héros en quête de légitimité. Et l'affligé qui monte en mer: «J'y prends mes lettres de nationalité.»

Louable aussi ta face d'Étrangère, au premier lait du jour —matin glacé de nacres vertes—quand sur les routes en corniche que suit la migration des Rois, quelque tournant d'histoire nous livre, entre deux Caps, à cette confrontation muette des eaux libres.

(Rupture! rupture enfin de l'œil terrestre, et le mot dit, entre deux Caps, sur la rétribution des perles, et sur nos embarquements tragiques en robes lamées d'argent . . . Des vaisseaux passent, à mi-ciel, toute une élite de grands marbres, l'aile haute, et leurs suivantes de bronze noir;

Passent leur chargement de vaisselle d'or, au poinçon de nos pères, et leur moisson d'espèces monnayables, au signe du thon ou de l'aurige.)»

*

«Ainsi terrestres, riveraines, ainsi complices, nous cédons . . . Et s'il nous faut mener plus loin l'offense d'être nées, que par la foule, jusqu'au port, s'ouvre pour nous l'accès des routes insoumises.

Nous fréquenterons ce soir le sel antique du drame, la mer qui change de dialecte à toutes portes des Empires, et cette mer aussi qui veille à d'autres portes, celle-là même en nous qui veille et dans l'émerveillement nous tient!

armour, his mouth full of black grapes. And your sea radiance
is in the sword's silk and the blindness of daylight,

And your sea savour is in the bread of consecration, and
in the bodies of women who are consecrated. 'You will open
to me your dynastic tables,' says the hero in quest of legiti-
macy. And the afflicted one who embarks on the sea: 'There
will I take my titles of nationality.'

Laudable also is your face of a Stranger, in the first milk
of day—icy morning of green mother of pearl—when on the
coastal roads where flow the migrations of Kings, some turn
of history delivers us, between two Capes, to that mute
confrontation of free waters.

(Rupture! rupture at last of the terrestrial eye! and the
word spoken, between two Capes, on the retribution of
pearls, and on our tragic embarkations in robes of woven
silver . . . Vessels pass, in mid-sky, a whole *élite* of great
marbles, high-winged, and their followers of black bronze;

Pass their burden of gold plate, with the hallmark of our
fathers, and their harvest of specie, bearing the sign of the
tunny or of the Wagoner.)"

＊

"Thus from the land and from the shores, thus accomplices and won over, we yield . . . And if we must carry
farther the offence of being born, let us find, through the
crowd, an opening towards the port and the paths of un-
ruled sea.

This evening we shall consort with the ancient salt of
drama, the sea which changes dialect at all the gates of
Empires, and that sea also which keeps vigil at other gates,
the very one in us which keeps vigil and holds us in wonder

69

Honneur et Mer! schisme des Grands! déchirement radieux par le travers du Siècle . . . est-ce là ta griffe encore à notre flanc? Nous t'avons lu, chiffre des dieux! Nous te suivrons, piste royale! ô triple rang d'écume en fleur et cette fumée d'un sacre sur les eaux,

Comme au terre-plein des Rois, sur les chaussées péninsulaires peintes, à grands traits blancs, des signes de magie, le triple rang d'aloès en fleur et l'explosion des hampes séculaires dans les solennités de l'avant-soir! . . .»

Honour and Sea! schism of the Great, radiant rift athwart the Century—is that your claw again at our flanks? We have read you, cipher of the gods! We will follow you, royal course! O triple row of foam in flower and that smoke of a consecration over the waters,

As on the terrace of the Kings, on the peninsular causeways painted in great white lines with the magic signs, the triple row of aloes in bloom and the explosion, high on their stems, of their centenary blossoms in the solemn opening out of the night! . . ."

LANGAGE QUE FUT
LA POÉTESSE . . .

L<small>ANGAGE</small> *que fut la Poétesse:*

«Amertume, ô faveur! Où brûle encore l'aromate? . . . En-
fouie la graine du pavot, nous nous tournons enfin vers toi, Mer
insomnieuse du vivant. Et tu nous es chose insomnieuse et grave
comme l'inceste sous le voile. Et nous disons, nous l'avons vue,
la Mer aux femmes plus belle que l'adversité. Et nous ne savons
plus que toi de grande et de louable,
    O Mer qui t'enfles dans nos songes comme un dénigrement
sans fin et comme une vilenie sacrée, ô toi qui pèses à nos grands
murs d'enfance et nos terrasses comme une tumeur obscène et
comme un mal divin!

L'ulcère est à nos flancs comme un sceau de franchise,
l'amour aux lèvres de la plaie comme le sang des dieux. Amour!
amour du dieu pareil à l'invective, les grandes serres promenées
dans notre chair de femme, et les essaims fugaces de l'esprit sur
la continuité des eaux . . . Tu rongeras, douceur,
    Jusqu'à cette pruderie de l'âme qui naît aux inflexions du
col et sur l'arc inversé de la bouche—ce mal qui prend au cœur

V

LANGUAGE WHICH WAS
THE POETESS . . .

LANGUAGE which was the Poetess:

"Bitterness, O favour! Where now burns the aromatic herb? . . . The poppy seed buried, we turn at last towards you, sleepless Sea of the living. And you to us are something sleepless and grave, as is incest under the veil. And we say, we have seen it, the Sea for women more beautiful than adversity. And now we know only you that are great and worthy of praise,

O Sea which swells in our dreams as in endless disparagement and in sacred malignancy, O you who weigh on our great childhood walls and our terraces like an obscene tumour and like a divine malady!

The ulcer is on our side like a seal of franchise, love on the lips of the wound like the blood of the gods. Love! love of the god equal to invective, the great talons raking our woman's flesh, and the fleeing swarms of the spirit on the continuity of the waters . . . You will gnaw, sweetness,

Even into that prudery of the soul which is born in the curves of the neck and the inverted arc of the mouth—that malady which grows in the heart of women like a fire of

*des femmes comme un feu d'aloès, ou comme la satiété du riche
entre ses marbres, ses murrhins.*

*Une heure en nous se lève que nous n'avions prévue. C'est
trop d'attendre sur nos lits le renversement des torches domestiques. Notre naissance est de ce soir, et de ce soir notre croyance.
Un goût de cèdre et d'oliban nous tient encore notre rang dans la
faveur des Villes, mais la saveur de mer est sur nos lèvres,*

*Et d'une senteur de mer dans notre linge, et dans nos lits, au
plus intime de la nuit, datent pour nous le blâme et le soupçon
portés sur toutes treilles de la terre.*

*Bonne course à vos pas, divinités du seuil et de l'alcôve!
Habilleuses et Coiffeuses, invisibles Gardiennes, ô vous qui preniez rang derrière nous dans les cérémonies publiques, haussant
aux feux de mer vos grands miroirs emplis du spectre de la
Ville,*

*Où étiez-vous, ce soir, quand nous avons rompu nos liens
avec l'étable du bonheur?*

*Mais vous qui êtes là, hôtes divins du toit et des terrasses,
Seigneurs! Seigneurs! maîtres du fouet! ô maîtres à danser le
pas des hommes chez les Grands, et maîtres en tout du saisissement—ô vous qui tenez haut le cri des femmes dans la nuit,*

*Faites qu'un soir il nous souvienne de tout cela de fier et de
réel qui se consumait là, et qui nous fut de mer, et qui nous fut
d'ailleurs,*

*Parmi toutes choses illicites et celles qui passent l'entende-
ment . . .»*

74

aloes, or like the satiety of the rich man among his marbles and his murrhine vases.

An hour rises in us that we had not foreseen. It is too much to wait on our beds for the upsetting of the domestic torches. Our birth is of this evening, and of this evening our faith. A taste of cedar and olibanum still exalts our rank in the favour of the Cities, but the savour of the sea is on our lips,

And from a smell of the sea in our linen, and in our beds, in the deepest intimacy of night, date for us the blame and suspicion cast on all the vine arbours of the earth.

Good fortune to your steps, divinities of the threshold and the alcove! Dressers and Hairdressers, invisible Guardians, O you who took rank behind us in the public ceremonies, raising to the fires of the sea your large mirrors filled with the spectre of the City,

Where were you, this evening, when we severed our ties with the stable of happiness?

But you who are there, divine hosts of the roof and the terraces, Lords! Lords! masters of the whip! O Masters to teach the dance of men before the Great, and masters for ever to teach the step of the possessed—O you who hold high the cry of women in the night,

See to it that one evening we remember all those proud and real things which were consumed there, and which came to us from the sea, and which came to us from elsewhere,

Among all illicit things and those which pass understanding . . ."

VI

ET CETTE FILLE CHEZ
LES PRÊTRES . . .

Et cette *fille chez les Prêtres:*

«*Prophéties! prophéties! Lèvres errantes sur la mer, et tout cela qu'enchaîne, sous l'écume, la phrase naissante qu'elles n'achèvent . . .*

Les filles liées au bas des Caps y prennent le message. Qu'on les bâillonne parmi nous: elles diront mieux le dieu qu'elles relayent . . . Filles liées au bout des Caps comme au timon des chars . . .

Et l'impatience est sur les eaux, du mot qui tarde dans nos bouches. Et la Mer lave sur la pierre nos yeux brûlants de sel. Et sur la pierre asexuée croissent les yeux de l'Étrangère . . .»

*

«*. . . Ah! tout n'est-il que cette éclosion de bulles heureuses qui chantent l'heure avide et chantent l'heure aveugle? Et cette mer encore est-elle mer, qui creuse en nous ses grands bas-fonds de sable, et qui nous parle d'autres sables?*

AND THIS GIRL PROPHET
AMONG THE PRIESTS . . .

AND this girl prophet among the Priests:

"Prophecies! prophecies! Lips wandering over the sea, and all the things, under the foam, enchained by the newborn phrase which has no end . . .

The girls bound at the foot of the Capes take the message there. Let them be gagged in our midst: they will speak more clearly for the god they relay . . . Girls bound at the end of Capes as to the poles of chariots . . .

And impatience is over the waters for the word which tarries in our mouths. And the Sea washes on the stone our eyes burning with salt. And on the asexual stone open the eyes of an Alien Woman . . ."

*

". . . Ah! is there nothing but this blossoming of happy bubbles which sing the eager hour and sing the blind hour? And is this sea still a sea, which moves in us its great shoals of sand, and speaks to us of other sands?

77

Plus de complices sur les eaux, plus de complices sous les eaux, que n'en fréquente en songe le Poète! . . . Solitude, ô foison! qui donc pour nous affranchira nos invisibles Sœurs captives sous l'écume?—mêlées de ruches et d'ombelles, roueries d'ailes rétives et cent bris d'ailes rabrouées,

Ah! tant de filles dans les fers, ah! tant de filles sous le mors et tant de filles au pressoir—de grandes filles séditieuses, de grandes filles acrimonieuses, ivres d'un vin de roseaux verts! . . .»

*

«S'en souviendront vos fils, s'en souviendront leurs filles et leurs fils, et qu'une engeance nouvelle sur les sables doublait au loin nos pas de Vierges infaillibles.

Prophéties! prophéties! l'aigle encapuchonné du Siècle s'aiguise à l'émeri des Caps. De noires besaces s'alourdissent au bas du ciel sauvage. Et la pluie sur les îles illuminées d'or pâle verse soudain l'avoine blanche du message.

Mais vous, qu'alliez-vous craindre du message? craindre d'un souffle sur les eaux, et de ce doigt de soufre pâle, et de cette pure semaille de menus oiseaux noirs qu'on nous jette au visage, comme ingrédients du songe et sel noir du présage? (procellaires est le nom, pélagique l'espèce, et le vol erratique comme celui des noctuelles.)»

More accomplices on the waters, more accomplices under the waters than the Poet meets in his dreams! . . . Solitude, O abundance! who now will release for us our invisible Sisters captive under the foam?—*mêlée* of hives and umbels, wheeling of resting wings and a hundred breakings of wrenched wings,

Ah! so many girls in irons, ah! so many girls under the curb, and in the winepress—tall seditious girls, tall acrimonious girls, drunk on a wine of green reeds! . . ."

*

". . . All this your sons will remember, their daughters and their sons will remember, and that a new race far off on the sand doubled our steps of infallible Virgins.

Prophecies! prophecies! the hooded eagle of the Century is whetted on the emery of the Capes. Dark beggars' sacks hang heavy low in the wild sky. And the rain, on the islands lighted with pale gold, suddenly pours the white oats of the message.

But what would you fear from the message? fear from a breath on the waters, and from this finger of pale sulphur, and from this pure sowing of small dark birds which are scattered in our faces, like ingredients of a dream and the black salt of a portent? (Procellarian is the name, pelagic the species, and the flight erratic like that of nocturnal moths.)"

✳

«. . . Il est, il est des choses à dire en faveur de notre âge.
Il est, dans la cassure des choses, un singulier mordant, comme
au tesson du glaive ce goût d'argile sèche et de poterie de fer
qui tentera toujours la lèvre du mieux-né.

«J'ai faim, j'ai faim pour vous de choses étrangères»: cri
de l'oiseau de mer à sa plus haute pariade! Et les choses n'ont
plus sens sur la terre foraine . . . Pour nous le Continent de
mer, non point la terre nuptiale et son parfum de fenugrec;
pour nous le libre lieu de mer, non ce versant de l'homme usuel
aveuglé d'astres domestiques.

Et louées Celles avec nous qui, sur les grèves souillées d'algues comme des bauges désertées, et dans la puanteur sacrée
qui monte des eaux vastes—quand l'ipomée des sables vire au
rouge d'hyacinthe—et la mer revêtant sa couleur d'holocauste—
auront su s'étarquer à de plus hautes vergues! . . .»

✳

«. . . De vives toiles déferlées s'éclairent, au fond du ciel qui
change de voilure. Et la rumeur en nous s'apaise sous le peigne
de fer. La mer en nous s'élève, comme aux chambres désertes
des grandes conques de pierre . . .

O Mer par qui les yeux des femmes sont plus gris, douceur
et souffle plus que mer, douceur et songe plus que souffle, et

80

*

". . . There are, there are things to say in favour of our age. There is, in the fracture of things, a singular pungency, as on the broken end of the blade that taste of dry clay and ironware which will always tempt the lips of the highest born.

"I hunger, I hunger with you a hunger for unfamiliar things": cry of the sea bird at its highest pairing! And things lose their meaning on the land open to the sea . . . For us the Continent of the sea, not the nuptial land with its perfume of fenugreek; for us the free space of the sea, not this earthly side of man, blinded by domestic stars.

And praise to those Women with us who, on the beaches soiled with seaweed, like abandoned lairs, and in the sacred stench rising from the vast waters—when the sand ipomoea turns to hyacinth red—and the sea again dons its colour of holocaust—will have known how to stretch themselves on higher yards! . . ."

*

". . . Vivid canvas unfurled lights up in the depth of the sky which changes sails. And the murmuring in us is appeased under the iron comb. The sea rises in us, as in the deserted chambers of the great stone conch shells . . .

O Sea by which the eyes of women are grayer, sweetness and breath more than sea, sweetness and dream more than

faveur à nos tempes de si loin menée, il est dans la continuité des choses à venir

Comme une salive sainte et comme une sève de toujours. Et la douceur est dans le chant, non dans l'élocution; est dans l'épuisement du souffle, non dans la diction. Et la félicité de l'être répond à la félicité des eaux . . .»

✳

«. . . La pluie, sur l'Océan sévère, sème ses soucis d'eau: autant de fois se clôt la paupière du dieu. La pluie sur l'Océan s'éclaire: autant de ciel s'accroît dans l'auge des rizières. De grandes filles liées vives baissent la tête, sous le fardeau de nuée grise orangée d'or.

Et parfois la mer calme, couleur de plus grand âge, est comme celle, mêlée d'aube, qui se regarde dans l'œil des nouveau-nés; est comme celle, parée d'ors, qui s'interroge dans le vin.

Ou bien vêtue de pollen gris, et comme empoussiérée des poudres de Septembre, elle est mer chaste et qui va nue, parmi les cendres de l'esprit. Et qui donc à l'oreille nous parle encore du lieu vrai? . . .»

✳

«. . . Nous écoutons, tout bas hélées, la chose en nous très proche et très lointaine—comme ce sifflement très pur de l'Étésienne à la plus haute corne du gréement. Et la douceur est dans l'attente, non dans le souffle ni le chant. Et ce sont là choses peu

breath, and favour to our brows brought from so far away, there is in the continuity of things to come

Something like a holy saliva and like an eternal sap. And the sweetness is in the song, not in the elocution; is in the exhausting of the breath, not in the diction. And the felicity of the being responds to the felicity of the waters . . ."

*

". . . The rain, over the severe Ocean, sows its marsh marigolds: as often as the god's eyelid closes. The rain over the Ocean lights up: as much sky spreads in the trough of the rice swamps. Tall girls, bound alive, bend their heads, under the burden of gray cloud oranged with gold.

And at times the calm sea, colour of greater age, is like that sea, mingled with dawn, which mirrors itself in the eyes of the newborn; is like that sea, adorned with gold, which queries itself in the wine.

Or else, clothed in gray pollen, and as though dusted with the powders of September, she is the chaste sea, going naked among the ashes of the spirit. And who then, to our ear, is still speaking of the true place? . . ."

*

". . . We listen, hailed in a low voice, to the thing in us very near and very distant—like that very pure whistling of the Etesian wind at the highest peak of the rigging. And the sweetness is in the waiting, not in the breath or the song.

83

narrables, et de nous seules mi-perçues . . . Plutôt nous taire,
la bouche rafraîchie de petites coquilles.

O Voyageurs sur les eaux noires en quête de sanctuaires,
allez et grandissez, plutôt que de bâtir. La terre aux pierres
déliées s'en vient d'elle-même se défaire au penchant de ces
eaux. Et nous, Servantes déliées, nous en allons, et les pieds
vains, parmi les sables très mobiles.

Des affleurements soyeux d'argile blanche, doucereuse, des
empâtements noueux de marne blanche, doucereuse, devancent
vers la terre nos pas de femmes ensommeillées. Et de la paume
du pied nu sur ces macérations nocturnes—comme d'une main
d'aveugle parmi la nuit des signes enneigés—nous suivons là
ce pur langage modelé: un pur relief d'empreintes méningées,
proéminences saintes aux lobes de l'enfance embryonnaire . . .»

✳

«. . . Et les pluies sont passées, de nul interrogées. Leurs
longs trains de présages s'en sont allés, derrière les dunes,
dénouer leurs attelages. Les hommes pleins de nuit désertent les
sillons. De lourdes bêtes conjuguées s'orientent seules vers la
mer.

Et qu'on nous tance, ô mer, si nous n'avons aussi tourné la
tête! . . . La pluie salée nous vient encore de haute mer. Et
c'est une clarté d'eau verte sur la terre comme on en vit quatre
fois l'an.

Enfants, qui vous coiffez des plus larges feuilles aquatiques,

84

And these are things not very tellable, and by us alone half-perceived . . . Better that we be silent, our mouths refreshed with small shells.

O Voyagers over black waters in quest of sanctuaries, go forth and grow in stature, rather than build. The earth with loosened stones comes to its undoing at the brink of those waters. And we, Servants, set free, go away, our feet vain, over very mobile sands.

Silken outcroppings of white sweetish clay, gnarled thicknesses of white sweetish marl, precede towards the land our steps of drowsy women. And with the palm of the bare foot on these nocturnal macerations—as with the blind man's hand in the night of snow-clad signs—we follow there this pure moulded language: a pure relief of meningeal prints, sacred protuberances with the lobes of the embryo's infancy . . ."

*

". . . And the rains have passed, by no one questioned. Their long trains of portents have gone away, behind the dunes, to undo their harnessings. Men full of night desert the furrows. Heavy beasts yoked turn alone towards the sea.

And may we be rebuked, O Sea, if we also have not turned our heads! . . . The salt rain comes to us again from the high sea. And there is a light of green water over the land such as was seen four times in a year.

Children, who wear on your heads the largest leaves of

*vous nous prendrez aussi la main dans cette mi-nuit d'eau verte:
les Prophétesses déliées s'en vont, avec les Pluies, repiquer les
rizières . . .»*

(Et, là! que voulions-nous dire, que nous n'avons su dire?)

water plants, you will also take us by the hand in this midnight of green water: the Girl Prophets, released, are going
away with the Rains to thin out the rice fields . . ."

(And now! what did we wish to say, that we were not
able to say?)

VII

UN SOIR PROMU DE
MAIN DIVINE . . .

U N SOIR *promu de main divine à la douceur d'une aube entre les Iles, ce sont nos filles, par trois fois, hélant les filles d'autres rives:*

«Nos feux ce soir! nos feux ce soir sur toutes rives! . . . Et notre alliance!—dernier soir! ! ! . . .»

*

«Nos mères aux seins de Parques, sur leurs chaises de cèdre, redoutent les sabots du drame dans leurs jardins de plantes à quenouilles—ayant aimé de trop d'amour, jusqu'en ses fins de guêpes jaunes,
L'Été qui perd mémoire dans les roseraies blanches.
Nous, plus étroites des hanches et du front plus aiguës, nageuses tôt liées au garrot de la vague, offrons aux houles à venir une épaule plus prompte.

L'aspic ni le stylet des veuves ne dorment dans nos corbeilles légères . . . Pour nous ce sifflement du Siècle en marche et son ruissellement splendide
Et son grand cri de mer encore inentendu!
L'orage aux yeux de gentiane n'avilit point nos songes. Et

ONE EVENING RAISED BY
DIVINE HAND . . .

ONE evening raised by divine hand to the sweetness of
dawn between the Islands, our daughters thrice hail daughters of other shores:

"Our fires tonight! our fires tonight on all shores! . . .
And our alliance!—the last evening! ! ! . . ."

✳

"Our mothers with breasts of the Fates, on their cedar
chairs, fear the hoofs of the drama in their gardens of spindle-
shaped flowers—having loved with too much love, even to its
ending in yellow wasps
Summer which loses its memory in the white rose gardens.
We, slimmer in the hips and with sharper brows, swim-
mers soon tied to the withers of the wave, offer to the sea
swells to come a more ready shoulder.

Neither the asp nor the stiletto of widows rests in our
light baskets . . . For us this whistling of the Century in
progress and its streaming splendour
And its great cry of the sea as yet unheard!
The storm with the gentian eyes does not debase our

le déferlement du drame lui-même, sur nos pas, ne nous sera que bouillonnement d'écume et langue de rustre à nos chevilles nues.

Curieuses, nous guettons le premier claquement du fouet! L'Épée qui danse sur les eaux, comme la fille admonestée du Prince sur les parvis du peuple,
   Ne tient pour nous qu'une étincelante et vive dialectique,
   Comme au foyer vivant des grandes émeraudes de famille . . .

*

Qui danse la bibase aux sept jours alcyoniens, l'écœurement un soir lui vient au temps faible de la danse, et le dégoût soudain s'en saisirait,
   N'était l'entrée du chœur massif
   Comme la mer elle-même martelant la glèbe de sa houle— houle d'idoles chancelantes au pas des masques encornés.

Demain, nous chausserons les brodequins du drame, et ferons face, sans joyaux, aux grandes euphorbes de la route; mais ce soir, les pieds nus dans les sandales encore de l'enfance,
   Nous descendons au dernier val d'enfance, vers la mer,
   Par les sentiers de ronces où frayent, frémissants, les vieux flocons d'écume jaunissante, avec la plume et le duvet des vieilles couvaisons.

Amitié! amitié à toutes celles que nous fûmes: avec l'écume et l'aile et le déchirement de l'aile sur les eaux, avec le pétillement du sel, et ce grand rire d'immortelles sur la mêlée des eaux,
   Et nous-mêmes, nageuses parmi l'immense robe

dreams. And the unfurling of the drama itself, on our steps,
will be for us only the seething of foam and the tongue of a
beast at our bare ankles.

Curious, we watch for the first crack of the whip! The
Sword which dances on the waters, as danced on the people's
square, the Prince's daughter by the Prince admonished,
  Holds nothing for us but a dazzling ardent dialectic,
  As in the flaming heart of great family emeralds . . .

✳

To him who dances the bibase in the seven halcyon days
comes sickness, one evening, in the weak moment of the
dance, and sudden disgust would overcome him,
  Were it not for the entry of the massive chorus
  Like the sea itself hammering the mound of its swell—a
surge of idols tottering at the pace of horned masks.

Tomorrow, we shall don the high soles of the drama, and
shall face, without jewels, the large euphorbias of the road;
but this evening, our bare feet still in the sandals of childhood,
  We go down to the last vale of childhood, towards the sea,
  By bramble paths where old flakes of yellowing foam
tremble, mingling with the feathers and down of old brood-
ings.

Friendship! friendship to all those girls who once we
were: with foam and wing and tearing of the wing over the
waters, with the sparkling of salt, and that great laughter of
immortal women on the brawling of the waters,
  And ourselves, swimming within the immense robe

De plume blanche! . . . *et tout l'immense lacis vert, et toute l'immense vannerie d'or, qui vanne, sous les eaux, un âge d'ambre et d'or* . . .

*

Un soir couleur de scille et de scabieuse, lorsque la tourterelle verte des falaises élève à nos frontières sa plainte heureuse de flûte d'eau—la cinéraire maritime n'étant plus feuille que l'on craigne et l'oiseau de haute mer nous dérobant son cri—

Un soir plus tiède au front que nos ceintures dénouées, lorsque l'aboi lointain des Parques s'endort au ventre des collines—Clélie la grive des jardins n'étant plus chantre que l'on craigne et la mer étant là qui nous fut de naissance—

Nous avons dit l'heure plus belle que celle où furent, de nos mères, conçues les filles les plus belles. La chair ce soir est sans défaut. Et l'ablution du ciel nous lave, comme d'un fard des paupières . . . Amour, c'est toi! nulle mégarde!

Qui n'a aimé de jour, il aimera ce soir. Et qui naît à ce soir, nous l'en tenons complice pour jamais. Les femmes appellent dans le soir. Les portes s'ouvrent sur la mer. Et les grandes salles solitaires s'enfièvrent aux torches du couchant.

Ouvrez, ouvrez au vent de mer nos jarres d'herbes odorantes! Les plantes laineuses se plaisent sur les caps et dans les éboulis de petites coquilles. Les singes bleus descendent les roches rouges, gavés de figues épineuses. Et l'homme qui taillait un bol d'offrande dans le quartz cède à la mer en flammes son offrande.

Là-haut, où l'on appelle, sont les voix claires de femmes à

Of white feathers! . . . and all the immense green net-
ting, and all the immense gold weaving, which weaves, under
the waters, an age of amber and gold . . .

*

One evening colour of squill and of field scabious, when
the green turtle-dove of the cliffs raises at our frontiers its
happy plaint of a water flute—the sea cineraria being no
longer the leaf one fears and the bird of the high sea robbing
us of its cry—

One evening warmer to our brows than our untied girdles,
when the distant barking of the Fates goes to rest in the
belly of the hills—Clelia the garden thrush being no longer
the singer one fears and the sea being there which was with
us from birth—

We have pronounced the hour more beautiful than when,
in our mothers, were conceived the most beautiful daughters.
Flesh this evening is without defect. And the ablution of
heaven washes us, as though washing painted eyelids . . .
Love, it is you! no fallacy!

Who did not love by day, will love this evening. And
who is born to this evening, we shall hold him as accomplice
for ever. Women call out in the evening. Doors open on the
sea. And large solitary chambers glow, enfevered, from the
torches of the setting sun.

Open, open to the sea-wind our jars of fragrant herbs!
Fleecy plants thrive on the headlands and in the drifts of
small shells. Blue monkeys, stuffed with prickly figs, come
down the red rocks. And the man who cuts an offering bowl
out of rock-crystal yields up his offering to the flaming sea.

High above, where someone calls, are the clear voices of

nos portes—dernier soir!—et nos vêtements de gaze sur les lits, que visite la brise. Là-haut vont les servantes s'aérant, et nos lingères s'affairant à nos lingeries de femmes pour la nuit.

Et la fraîcheur du linge est sur les tables, l'argenterie du dernier soir tirée des coffres de voyage . . . Nos chambres ouvertes sur la mer, le soir y plonge un bras d'idole. Et dans les temples sans offices où le soleil des morts range ses fagots d'or, les mules poussiéreuses s'arrêtent aux arches des préaux.

*

. . . Et c'est l'heure, ô vivantes! où la brise de mer cède sa chance au dernier souffle de la terre. L'arbre annelé comme un esclave ouvre sa fronde bruissante. Nos hôtes s'égarent sur les pentes en quête de pistes vers la mer, les femmes en quête de lavandes, et nous-mêmes lavées dans l'ablution du soir . . . Nulle menace au front du soir, que ce grand ciel de mer aux blancheurs de harfang. Lune de menthe à l'Orient. Étoile verte au bas du ciel, comme l'étalon qui a goûté le sel. Et l'homme de mer est dans nos songes. Meilleur des hommes, viens et prends! . . .»

women at our doors—the last evening!—and our gauze garments, on the beds, which the breeze visits. High above, the servant-maids go airing themselves, and our linen-women busying themselves with our lingerie for the night.

And the freshness of linen is on the tables, the silver of the last evening withdrawn from the travel chests . . . In our rooms open to the sea, evening plunges an idol's arm. And in the temples without rites where the sun of the dead piles its golden faggots, dusty mules stop at the arches of the courtyards.

*

. . . And this is the hour, O living women! when the sea-breeze yields its chance to the last breath of the land. The tree ringed like a slave opens its rustling frond. Our guests wander over the slopes looking for trails to the sea, women looking for lavender, and ourselves, washed in the evening's ablution . . . No threat on the brow of evening, except this great sea-sky with the whiteness of the snowy owl. Moon of mint in the East. Green star in the lower heaven, like the stallion which has tasted salt. And the man of the sea is in our dreams. Best of men, come and take! . . ."

ÉTRANGER, DONT LA VOILE . . .

Étranger, *dont la voile a si longtemps longé nos côtes,*
(et l'on entend parfois de nuit le cri de tes poulies),
    Nous diras-tu quel est ton mal et qui te porte, un soir de plus
grande tiédeur, à prendre pied parmi nous sur la terre coutu-
mière?

*

    «Aux baies de marbre noir striées de blanches couvaisons
    La voile fut de sel, et la griffe légère. Et tant de ciel nous
fut-il songe?
    Écaille, douce écaille prise au masque divin
    Et le sourire au loin sur l'eau des grandes lèpres inter-
dites . . .

    Plus libre que la plume à l'éviction de l'aile,
    Plus libre que l'amour à l'évasion du soir,
    Tu vois ton ombre, sur l'eau mûre, quitte enfin de son âge,
    Et laisses l'ancre dire le droit parmi l'églogue sous-marine.

VIII

STRANGER, WHOSE SAIL . . .

STRANGER, whose sail has for so long moved along our
coasts, (and at times, in the night, we hear the creaking of
your pulleys),
  Will you tell us what torment is yours which prompts
you, one evening of great warmth, to set foot among us on
the custom-ridden land?

*

  "In bays of black marble streaked with white wings in
the breeding season,
  The sail was of salt, and light was the mark of the talon
on the water. Then was so much sky a dream for us?
  Scale, soft scale taken from the divine mask
  And the smile far at sea, of the great sacred ills . . .

  Freer than the feather which is cast from the wing,
  Freer than love leaving with the departing evening,
  You see your shadow, on the mature water, free at last of
its age,
  And you let the anchor make the law in the undersea
eclogue.

Une plume blanche sur l'eau noire, une plume blanche vers
la gloire
Nous fit soudain ce très grand mal, d'être si blanche et telle,
avant le soir . . .
Plumes errantes sur l'eau noire, dépouilles du plus fort,
Vous diront-elles, ô Soir, qui s'est accompli là?

Le vent portait des hautes terres, avec ce goût d'arec et
d'âtres morts qui très longtemps voyage.
Les Dames illustres, sur les caps, ouvraient aux feux du
soir une narine percée d'or.
Et douce encore se fit la mer au pas de la grandeur.
La main de pierre du destin nous sera-t-elle encore offerte? . . .

C'est la christe-marine qui sur vos grèves mûrissait
Ce goût de chair encore entre toutes chairs heureuses,
Et la terre écriée sur ses rives poreuses, parmi la ronce avide
et les roses vives
De l'écume, nous fut chose légère et chose plus dispendieuse

Que lingerie de femme dans les songes, que lingerie de l'âme
dans les songes.»

A white feather on the black water, a white feather towards glory

Has done us suddenly this great hurt, of being so white and so strange, before evening . . .

Feathers drifting on the black water, spoils of the strongest,

Will they tell you, O Evening, who was fulfilled there?

The breeze blew from the highlands, with that taste of areca nut and dead hearths which for a long time travels.

The illustrious Ladies, on the capes, opened to the fires of the evening a nostril pierced with gold.

And gentle again was the sea in the steps of greatness.

Will the stone hand of destiny be offered us again? . . .

It is the criste-marine, on your beaches, which was ripening again

This taste of flesh, of all flesh the happiest,

And the earth crying out on its porous banks amidst the avid brambles and live roses

Of the foam, was for us a light thing, a more costly thing

Than women's linen in dreams, than the soul's linen in dreams."

IX

ÉTROITS SONT LES VAISSEAUX ...

Amants, ô tard venus parmi les marbres et les bronzes,
dans l'allongement des premiers feux du soir,
    Amants qui vous taisiez au sein des foules étrangères,
    Vous témoignerez aussi ce soir en l'honneur de la Mer:

1

    ... Étroits sont les vaisseaux, étroite notre couche.
    Immense l'étendue des eaux, plus vaste notre empire
    Aux chambres closes du désir.

    Entre l'Été, qui vient de mer. A la mer seule nous dirons
    Quels étrangers nous fûmes aux fêtes de la Ville, et quel astre
montant des fêtes sous-marines
    S'en vint un soir, sur notre couche, flairer la couche du
divin.

    En vain la terre proche nous trace sa frontière. Une même
vague par le monde, une même vague depuis Troie

100

NARROW ARE THE VESSELS . . .

LOVERS, O late-comers among the marbles and the bronzes, in the lengthening fires of evening,
　　Lovers who kept silent in the midst of alien crowds,
　　You too will testify tonight in honour of the Sea:

1

. . . NARROW are the vessels, narrow our couch.
　　Immense the expanse of waters, wider our empire
　　In the closed chambers of desire.

　　Summer enters, coming from the sea. To the sea only shall we say
　　What strangers we were at the festivities of the City, and what star rising from undersea festivities,
　　Hung one evening, over our couch, on the scent of the gods.

　　In vain the surrounding land traces for us its narrow confines. One same wave throughout the world, one same wave since Troy

Roule sa hanche jusqu'à nous. Au très grand large loin de nous fut imprimé jadis ce souffle . . .

Et la rumeur un soir fut grande dans les chambres: la mort elle-même, à son de conques, ne s'y ferait point entendre!

Aimez, ô couples, les vaisseaux; et la mer haute dans les chambres!

La terre un soir pleure ses dieux, et l'homme chasse aux bêtes rousses; les villes s'usent, les femmes songent . . . Qu'il y ait toujours à notre porte

Cette aube immense appelée mer—élite d'ailes et levée d'armes; amour et mer de même lit, amour et mer au même lit—

et ce dialogue encore dans les chambres:

2

1—

«. . . Amour, amour, qui tiens si haut le cri de ma naissance, qu'il est de mer en marche vers l'Amante! Vigne foulée sur toutes grèves, bienfait d'écume en toute chair, et chant de bulles sur les sables . . . Hommage, hommage à la Vivacité divine!

Toi, l'homme avide, me dévêts; maître plus calme qu'à son bord le maître du navire. Et tant de toile se défait, il n'est plus femme qu'agréée. S'ouvre l'Été, qui vit de mer. Et mon cœur

Rolls its haunch towards us. On a far-off open sea this gust was long ago impressed . . .

And the clamour one evening was loud in the chambers: death itself, blowing its conchs, could not have been heard!

The vessels shall you love, O lovers, and the sea high in the chambers!

The land one evening mourns its gods, and man hunts rust-red badgers; cities wear down, women dream . . . May it always be at our door

That immense dawn called sea—*élite* of wings and levying of weapons; love and sea of the same bed, love and sea in the same bed—

and this dialogue again in the chambers:

2

1—

". . . LOVE, love, that holds so high the cry of my birth, how great a sea moving towards the Woman who loves! Vine trampled on all shores, blessing of foam in all flesh, and song of bubbles on the sands . . . Homage, homage to the divine Ardour!

You, avid man, unclothe me: master more calm here than on his deck the master of the ship. And so much clothing falls away, there is nothing of the woman that you have not greeted. Summer opens, which is fed by the sea. And my

t'ouvre femme plus fraîche que l'eau verte: semence et sève de douceur, l'acide avec le lait mêlé, le sel avec le sang très vif, et l'or et l'iode, et la saveur aussi du cuivre et son principe d'amertume—toute la mer en moi portée comme dans l'urne maternelle . . .

Et sur la grève de mon corps l'homme né de mer s'est allongé. Qu'il rafraîchisse son visage à même la source sous les sables; et se réjouisse sur mon aire, comme le dieu tatoué de fougère mâle . . . Mon amour, as-tu soif? Je suis femme à tes lèvres plus neuve que la soif. Et mon visage entre tes mains comme aux mains fraîches du naufrage, ah! qu'il te soit dans la nuit chaude fraîcheur d'amande et saveur d'aube, et connaissance première du fruit sur la rive étrangère.

J'ai rêvé, l'autre soir, d'îles plus vertes que le songe . . . Et les navigateurs descendent au rivage en quête d'une eau bleue; ils voient—c'est le reflux—le lit refait des sables ruisselants: la mer arborescente y laisse, s'enlisant, ces pures empreintes capillaires, comme de grandes palmes suppliciées, de grandes filles extasiées qu'elle couche en larmes dans leurs pagnes et dans leurs tresses dénouées.

Et ce sont là figurations du songe. Mais toi l'homme au front droit, couché dans la réalité du songe, tu bois à même la bouche ronde, et sais son revêtement punique: chair de grenade et cœur d'oponce, figue d'Afrique et fruit d'Asie . . . Fruits de la femme, ô mon amour, sont plus que fruits de mer: de moi non peinte ni parée, reçois les arrhes de l'Été de mer . . .»

104

heart opens to you a woman fresher than green water: seed and sap of sweetness, acid mingled with milk, salt with vivid blood, and gold and iodine, and the flavour too of copper with its essence of bitterness—all the sea borne in me as in the maternal urn . . .

And on the shore of my body man born of the sea lies stretched out. May he refresh his face even at the spring beneath the sands; and rejoice on my soil, like the god tattooed with male fern . . . My love, are you thirsty? I am woman at your lips keener than thirst. And my face in your hands as in hands fresh from shipwreck, ah! may there be for you in the warm night freshness of almond and flavour of dawn, and first awareness of fruit on the foreign shore!

I dreamt, the other evening, of islands greener than any dream . . . And sailors landed on the shore in search of blue water; they saw—it was ebb-tide—the new-made bed of streaming sands: an arborescent sea had left there, as it sank, its pure capillary prints, like those of great tortured palms, or of tall enraptured girls laid down in tears among their loincloths and unbraided tresses.

And these are figures of a dream. But you, man of upright brow, inhabiting the reality of the dream, you drink right from the round mouth, and know its punic lining: flesh of pomegranate and heart of prickly pear, fig of Africa and fruit of Asia . . . Fruits of woman, O my love, are more than fruits of the sea: from me not painted nor adorned, receive an earnest of the Sea Summer . . ."

*

2—

«. . . *Au cœur de l'homme, solitude. Etrange l'homme, sans rivage, près de la femme, riveraine. Et mer moi-même à ton orient, comme à ton sable d'or mêlé, que j'aille encore et tarde, sur ta rive, dans le déroulement très lent de tes anneaux d'argile —femme qui se fait et se défait avec la vague qui l'engendre* . . .

Et toi plus chaste d'être plus nue, de tes seules mains vêtue, tu n'est point Vierge des grands fonds, Victoire de bronze ou de pierre blanche que l'on ramène, avec l'amphore, dans les grandes mailles chargées d'algues des tâcherons de mer; mais chair de femme à mon visage, chaleur de femme sous mon flair, et femme qu'éclaire son arôme comme la flamme de feu rose entre les doigts mi-joints.

Et comme le sel est dans le blé, la mer en toi dans son principe, la chose en toi qui fut de mer, t'a fait ce goût de femme heureuse et qu'on approche . . . *Et ton visage est renversé, ta bouche est fruit à consommer, à fond de barque, dans la nuit. Libre mon souffle sur ta gorge, et la montée, de toutes parts, des nappes du désir, comme aux marées de lune proche, lorsque la terre femelle s'ouvre à la mer salace et souple, ornée de bulles, jusqu'en ses mares, ses maremmes, et la mer haute dans l'herbage fait son bruit de noria, la nuit est pleine d'éclosions* . . .

O mon amour au goût de mer, que d'autres paissent loin de mer l'églogue au fond des vallons clos—menthes, mélisse et

*

2—

". . . In the heart of man, solitude. Strange the man, shoreless, near the woman, herself a shore. And myself a sea at your orient, as if mingled with your golden sand, may I go once more and linger on your shore, in the slow unrolling of your coils of clay—woman who forms and unforms with the wave that engenders her . . .

And you, more chaste for being more naked, clothed by your hands alone, you are no Virgin raised from the depths, Victory of bronze or white stone recovered, with the amphora, in the great meshes laden with seaweed by the workers; but woman's flesh before my face, woman's warmth in my nostrils, and woman's whole radiance, her aroma, like the rose flame of fire between half-joined fingers.

And as salt is in the wheat, the sea in you in its essence, the thing in you which was of the sea, has given you that taste of a happy woman to whom I come . . . And your face is upturned, your mouth is fruit to be consumed, in the hull of the bark, in the night. Free my breath on your throat, and from everywhere the rising of seas of desire, as in the full tides of the closest moon, when the female land opens to the salacious, supple sea, adorned with bubbles even in its ponds, its maremmas, and the sea high in the grass makes the sound of a noria, the night bursts with sea-hatchings . . .

O my love who tastes of the sea, may others graze their eclogues far from the sea, in the depth of the sealed valleys—

107

mélilot, tiédeurs d'alysse et d'origan—et l'un y parle d'abeillage et l'autre y traite d'agnelage, et la brebis feutrée baise la terre au bas des murs de pollen noir. Dans le temps où les pêches se nouent, et les liens sont triés pour la vigne, moi j'ai tranché le nœud de chanvre qui tient la coque sur son ber, à son berceau de bois. Et mon amour est sur les mers! et ma brûlure est sur les mers! . . .

Étroits sont les vaisseaux, étroite l'alliance; et plus étroite ta mesure, ô corps fidèle de l'Amante . . . Et qu'est ce corps lui-même, qu'image et forme du navire? nacelle et nave, et nef votive, jusqu'en son ouverture médiane; instruit en forme de carène, et sur ses courbes façonné, ployant le double arceau d'ivoire au vœu des courbes nées de mer . . . Les assembleurs de coques, en tout temps, ont eu cette façon de lier la quille au jeu des couples et varangues.

Vaisseau, mon beau vaisseau, qui cède sur ses couples et porte la charge d'une nuit d'homme, tu m'es vaisseau qui porte roses. Tu romps sur l'eau chaîne d'offrandes. Et nous voici, contre la mort, sur les chemins d'acanthes noires de la mer écarlate . . . Immense l'aube appelée mer, immense l'étendue des eaux, et sur la terre faite songe à nos confins violets, toute la houle au loin qui lève et se couronne d'hyacinthes comme un peuple d'amants!

Il n'est d'usurpation plus haute qu'au vaisseau de l'amour.»

mint, melissa, and melilot, warmth of alyssum and marjoram
—and there one talks of bee-keeping, another deals with
lambing, and the felt-padded ewe kisses the earth at the foot
of the walls dusted with black pollen. When the peaches are
set, and the ties for the vine are sorted, then have I cut the
knot of hemp which holds the hull on the ways, in its cradle
of wood. And my love is on the seas! and my burning is on
the seas! . . .

Narrow are the vessels, narrow the alliance; and nar-
rower still your measure, O faithful body of the beloved . . .
And what is this body itself, save image and form of the
ship? nacelle and hull, and votive vessel, even to its median
opening; formed in the shape of a hull, and fashioned on its
curves, bending the double arch of ivory to the will of sea-
born curves . . . The builders of hulls, in all ages, have had
this way of binding the keel to the set of frames and plank-
ing . . .

Vessel, my fine vessel, that yields on its timbers, and
bears the burden of a man's night, you are to me a vessel
bearing roses. You break the chain of offerings on the water.
And here we are, against death, on the black acanthus paths
of the scarlet sea . . . Immense is the dawn called sea, immense the expanse of the waters, and on the earth turned to
dream, on our purple confines, all the distant swell that rises
and crowns itself with hyacinths like a people of lovers!

There is no higher usurpation than in the vessel of love."

3

1—

«. . . M ES *dents sont pures sous ta langue. Tu pèses sur mon cœur et gouvernes mes membres. Maître du lit, ô mon amour, comme le Maître du navire. Douce la barre à la pression du Maître, douce la vague en sa puissance. Et c'est une autre, en moi, qui geint avec le gréement . . . Une même vague par le monde, une même vague jusqu'à nous, au très lointain du monde et de son âge . . . Et tant de houle, et de partout, qui monte et fraye jusqu'en nous . . .*

Ah! ne me soyez pas un maître dur par le silence et par l'absence: pilote très habile, trop soucieux amant! Ayez, ayez de moi plus que don de vous-même. Aimant, n'aimerez-vous aussi d'être l'aimé? . . . J'ai crainte, et l'inquiétude habite sous mon sein. Parfois, le cœur de l'homme au loin s'égare, et sous l'arc de son œil il y a, comme aux grandes arches solitaires, ce très grand pan de Mer debout aux portes du Désert . . .

O toi hanté, comme la mer, de choses lointaines et majeures, j'ai vu tes sourcils joints tendre plus loin que femme. La nuit où tu navigues n'aura-t-elle point son île, son rivage? Qui donc en toi toujours s'aliène et se renie?—Mais non, tu as souri, c'est toi, tu viens à mon visage, avec toute cette grande clarté d'ombrage comme d'un grand destin en marche sur les eaux (ô mer

110

3

1—

". . . My teeth are pure under your tongue. You weigh on my heart and govern my limbs. Master of the bed, O my love, like the Master of the ship. Gentle the helm at the touch of the Master, gentle the wave in his power. And it is another woman, within, who moans with the rigging . . . One same wave throughout the world, one same wave reaching to us, in the very great distance of the world and of its age . . . And such a surge, from all sides, that rises and finds its way up into us . . .

Ah! do not be for me a master hard in his silence and in his absence: most skillful pilot, too thoughtful lover! Take, take from me more than your own giving. Loving, will you not also wish to be the beloved? . . . I am afraid, and anxiety dwells under my breast. Sometimes, the heart of man wanders far away, and beneath the arch of his eye there is, as within the high solitary arches, this great stretch of the Sea upright at the gates of the Desert . . .

O you, haunted like the sea, by distant major things, I have seen your joined eyebrows seeking beyond woman. Does the night through which you steer hold no island, no shore? Who then in you always becomes estranged and denies himself?—But no, you have smiled, it is you, you come to my face, with all that great clarity of shadow like a great destiny on the march over the waters (O sea suddenly struck

soudain frappée d'éclat entre ses grandes emblavures de limon jaune et vert!). Et moi, couchée sur mon flanc droit, j'entends battre ton sang nomade contre ma gorge de femme nue.

Tu es là, mon amour, et je n'ai lieu qu'en toi. J'élèverai vers toi la source de mon être, et t'ouvrirai ma nuit de femme, plus claire que ta nuit d'homme; et la grandeur en moi d'aimer t'enseignera peut-être la grâce d'être aimé. Licence alors aux jeux du corps! Offrande, offrande, et faveur d'être! La nuit t'ouvre une femme: son corps, ses havres, son rivage; et sa nuit antérieure où gît toute mémoire. L'amour en fasse son repaire!

. . . Étroite ma tête entre tes mains, étroit mon front cerclé de fer. Et mon visage à consommer comme fruit d'outremer: la mangue ovale et jaune, rose feu, que les coureurs d'Asie sur les dalles d'empire déposent un soir, avant minuit, au pied du Trône taciturne . . . Ta langue est dans ma bouche comme sauvagerie de mer, le goût de cuivre est dans ma bouche. Et notre nourriture dans la nuit n'est point nourriture de ténèbres, ni notre breuvage, dans la nuit, n'est boisson de citerne.

Tu resserreras l'étreinte de tes mains à mes poignets d'amante, et mes poignets seront, entre tes mains, comme poignets d'athlète sous leur bande de cuir. Tu porteras mes bras noués au-delà de mon front; et nous joindrons aussi nos fronts, comme pour l'accomplissement ensemble de grandes choses sur l'arène, de grandes choses en vue de mer, et je serai moi-même ta foule sur l'arène, parmi la faune de tes dieux.

with light between its great spaces of yellow and green clay,
like broad seeded fields!) And I, lying on my right side, hear
your nomad blood beating against my bare woman's breast.

You are here, my love, and I have no place save in you.
The source of my being I will raise towards you, and to you
will I open my woman's night, clearer than your man's
night; and in me the grandeur of loving will perhaps teach
you the grace of being loved. Licence then for the body's
play! Offering, offering, and favour of being! For you night
opens a woman: her body, her havens, her shore; and her
primeval night where all memory lies. May love make of
her its lair!

. . . Narrow is my head between your hands, narrow
my brow encircled with iron. And my face to be consumed
like fruit from beyond the seas: mango oval and yellow,
flaming rose, which Asian runners over the stone of imperial
highways carry to lay, one evening, before midnight, at the
foot of a taciturn Throne . . . Your tongue is in my mouth
like wildness of the sea, the taste of copper is in my mouth.
And our food in the night is no food of darkness, nor our
drink, in the night, water from a cistern.

You will tighten the grip of your hands on my lover's
wrists, and my wrists will be, in your hands, like as the wrists
of an athlete in their leather bands. You will bear my joined
hands back behind my head; and we will also join our foreheads, as for the accomplishment of great things in the
arena, of great things in the sight of the sea, and I myself
will be your crowd in the arena, among the fauna of your
gods.

Ou bien libres mes bras! . . . et mes mains ont licence parmi l'attelage de tes muscles: sur tout ce haut relief du dos, sur tout ce nœud mouvant des reins, quadrige en marche de ta force comme la musculature même des eaux. Je te louerai des mains, puissance! et toi noblesse du flanc d'homme, paroi d'honneur et de fierté qui garde encore, dévêtue, comme l'empreinte de l'armure.

Le faucon du désir tire sur ses liens de cuir. L'amour aux sourcils joints se courbe sur sa proie. Et moi, j'ai vu changer ta face, prédateur! comme il arrive aux ravisseurs d'offrandes dans les temples, quand fond sur eux l'irritation divine . . . Toi dieu notre hôte, de passage, Congre salace du désir, remonte en nous le cours des eaux. L'obole de cuivre est sur ma langue, la mer s'allume dans les temples, et l'amour gronde dans les conques comme le Monarque aux chambres du Conseil.

Amour, amour, face étrangère! Qui t'ouvre en nous ses voies de mer? Qui prend la barre, et de quelles mains? . . . Courez aux masques, dieux précaires! couvrez l'exode des grands mythes! L'Été, croisé d'automne, rompt dans les sables surchauffés ses œufs de bronze marbrés d'or où croissent les monstres, les héros. Et la mer au lointain sent fortement le cuivre et l'odeur du corps mâle . . . Alliance de mer est notre amour qui monte aux Portes de Sel Rouge!»

*

Or free are my arms! . . . and my hands hold licence among the harness of your muscles: over all the high relief of the back, over all the moving knot of the loins, a racing quadriga of your strength like the very musculature of the waters. I will praise you with my hands, O power! and you, nobility of a man's flank, wall of honour and pride which, stripped, still bears the mark of armour.

The falcon of desire strains on its leather leash. Love with joined eyebrows bends above its prey. And I have seen the change in your face, predator! as happens to the ravishers of offerings in the temples, when the god's anger descends on them . . . You, god, our passing guest, salacious Conger of desire, ascend in us again the course of the waters. The copper obol is on my tongue, the sea flames in the temples, and love thunders in the conchs like the Monarch in the Council-chambers.

Love, love, alien face! Who opens to you the sea-ways deep in us? Who takes the helm, and from what hands? . . . Hasten to the masks, O precarious gods! cover the exodus of the great myths! Summer, crossed with autumn, bursts in the over-heated sands its eggs of bronze marbled with gold where monsters and heroes grow. And the sea in the distance smells strongly of copper and the odour of the male body . . . Sea-alliance is our love, rising to the Gates of Red Salt!"

✶

2—

«. . . Amant, je n'élèverai point de toiture pour l'Amante.
L'Été chasse à l'épieu sur les labours de mer. Le désir siffle sur
son aire. Et moi, comme l'épervier des grèves qui règne sur sa
proie, j'ai couvert de mon ombre tout l'éclat de ton corps. Décret
du ciel et qui nous lie! Et l'heure n'est plus, ô corps offert,
d'élever dans mes mains l'offrande de tes seins. Un lieu de
foudre et d'or nous comble de sa gloire! Salaire de braises, non
de roses . . . Et nulle province maritime fut-elle, sous les roses,
plus savamment pillée?

Ton corps, ô chair royale, mûrit les signes de l'Été de mer:
taché de lunes, de lunules, ponctué de fauve et de vin pourpre et
passé comme sable au crible des laveurs d'or—émaillé d'or et
pris aux rets des grandes sennes lumineuses qui traînent en eau
claire. Chair royale et signée de signature divine! . . . De la
nuque à l'aisselle, à la saignée des jambes, et de la cuisse interne
à l'ocre des chevilles, je chercherai, front bas, le chiffre occulte
de ta naissance, parmi les sigles assemblés de ton ordre natal—
comme ces numérations stellaires qui montent, chaque soir, des
tables sous-marines pour s'en aller, avec lenteur, s'inscrire en
Ouest dans les panégyries du Ciel.

L'Été, brûleur d'écorces, de résines, mêle à l'ambre de femme
le parfum des pins noirs. Hâle de femme et rousseur d'ambre
sont de juillet le flair et la morsure. Ainsi les dieux, gagnés
d'un mal qui n'est point nôtre, tournent à l'or de laque dans leur

116

2—

". . . Lover, I will raise no roof for the Beloved. Summer hunts with the boarspear across the ploughed plains of the sea. Desire whistles above the aerie. And I, like the hawk of the shores reigning over its prey, have covered with my shadow all the radiance of your body. Celestial decree,.that binds us! And the time is past, O proffered body, for raising in my hands the offering of your breasts. A place of lightning and of gold overwhelms us with its glory! Wages of embers, not of roses . . . And was ever a maritime province, beneath its roses, so expertly pillaged?

Your body, O royal flesh, matures the signs of the Sea's summer: flecked with moons and moondust, dotted with honey and dark wine colours, and filtered like sand through the sieves of gold washers—enamelled with gold and caught in the nets of great luminous seines that drag in clear water. Royal flesh, and sealed with a divine seal! . . . From the nape of the neck to the arm-pit, to the hollow of the knees, and from the inner thigh to the ochre of the ankles, I will seek, brow lowered, the occult cipher of your birth, among the assembled symbols of your natal order—like those stellar numerations which rise, each evening, from the undersea tables and drift slowly westward to join in the panegyrics of the Sky.

Summer, burner of barks and of resins, mixes with the amber of woman the perfume of black pines. Tan of woman and glowing of amber are the scent and bite of July. Thus the gods, prey to an ailment which is not ours, turn to the

gaine de filles. Et toi, vêtue d'un tel lichen, tu cesses d'être nue:
la hanche parée d'or et les cuisses polies comme cuisses d'hoplite
. . . Loué sois-tu, grand corps voilé de son éclat, poinçonné
comme l'or à fleur de coin des Rois! (Et qui donc n'a rêvé de
mettre à nu ces grands lingots d'or pâle, vêtus de daim très
souple, qui vers les Cours voyagent, dans les soutes, sous leurs
bandelettes de gros chanvre et leurs grands liens croisés de
sparterie?)

Ah! comme Celle qui a bu le sang d'une personne royale!
jaune du jaune de prêtresse et rose du rose des grandes jarres!
Tu nais marquée de l'Étalon divin. Et nulle chair hâvie au feu
de pampres des terrasses a-t-elle plus haut porté le témoignage?
Nuque brûlée d'amour, chevelure où fut l'ardente saison, et
l'aisselle enfiévrée comme salaison de roses dans les jattes d'ar-
gile . . . Tu es comme le pain d'offrande sur l'autel, et portes
l'incision rituelle rehaussée du trait rouge . . . Tu es l'idole de
cuivre vierge, en forme de poisson, que l'on enduit au miel de
roche ou de falaise . . . Tu es la mer elle-même dans son
lustre, lorsque midi, ruptile et fort, renverse l'huile de ses
lampes.

Tu es aussi l'âme nubile et l'impatience du feu rose dans
l'évasement des sables; tu es l'arôme, et la chaleur, et la faveur
même du sable, son haleine, aux fêtes d'ombre de la flamme. Tu
sens les dunes immortelles et toutes rives indivises où tremble
le songe, pavot pâle. Tu es l'exclamation du sel et la divination

gold of lacquer as though sheathed in women's skin. And you, robed in such a lichen, are naked no longer: flank adorned with gold, and thighs polished like the thighs of a hoplite . . . Praise to you, tall body veiled by its own radiance, stamped like gold fresh from the mint of the Kings! (And who has not dreamt of laying bare those great ingots of pale gold, wrapped in the softest doeskin, which voyage towards the Courts, in the ships' stores, under their bands of heavy hemp and their network of wide rush straps?)

Ah! like Her who has drunk the blood of a royal person! yellow of the yellow of a priestess, and rose of the rose of great jars! You were born marked by the divine Standard. and what other flesh scorched at the fire of vine branches on the terraces has ever borne higher witness? Burned with love, the nape of the neck, ardent the hair where the fiery season dwelt, and the arm-pit seized with fever like ashes of roses in clay bowls. . . . You are like the bread offered on the altar, and bear the ritual incision heightened with the red mark . . . You are the idol of virgin copper, in the form of a fish, that is smeared with honey from the rocks and the cliffs . . . You are the sea itself in its lustre, when noon, explosive and violent, spills the oil of its lamps.

You are also the nubile soul and the impatience of rosy fire in the widening basins of the sand; you are the aroma, and the warmth, and the very favour of sand, its breath, in the shadow feasts of the flame. You smell of immortal dunes and all unassigned shores between land and sea, where the dream, pale poppy, trembles. You are the exclamation of salt, and the divination of salt, when the sea has withdrawn

du sel, lorsque la mer au loin s'est retirée sur ses tables poreuses.
Tu es l'écaille, et le feu vert, et la couleuvre de feu vert, au bas
des schistes feuilletés d'or, là où les myrtes et l'yeuse naine et le
cirier des grèves descendent au feu de mer chercher leurs taches
de rousseur . . .

O femme et fièvre faite femme! lèvres qui t'ont flairée ne
fleurent point la mort. Vivante—et qui plus vive?—tu sens l'eau
verte et le récif, tu sens la vierge et le varech, et tes flancs sont
lavés au bienfait de nos jours. Tu sens la pierre pailletée d'astres
et sens le cuivre qui s'échauffe dans la lubricité des eaux. Tu es
la pierre laurée d'algues au revers de la houle, et sais l'envers des
plus grands thalles incrustés de calcaire. Tu es la face baignée
d'ombre et la bonté du grès. Tu bouges avec l'avoine sauvage et
le millet des sables et le gramen des grèves inondées; et ton
haleine est dans l'exhalaison des pailles vers la mer, et tu te
meus avec la migration des sables vers la mer . . .

Ivre, très ivre, cœur royal, d'héberger tant de houle, et la
chair plus sensible qu'aux tuniques de l'œil . . . Tu suis la mer
inéluctable et forte dans son œuvre. Et tu ressens l'étreinte incoercible, et t'ouvres—libre, non libre—à la dilatation des eaux;
et la mer rétractile exerce en toi ses bagues, ses pupilles, et le
jour rétrécit, et la nuit élargit, cet œil immense qui t'occupe . . .
Hommage! hommage à la complicité des eaux. Il n'est point là
d'offense pour ton âme! Comme l'esprit violent du dieu qui se
saisit de l'homme à naître dans la femme, et foule la femme dans
son linge et ses membranes divisées, ah! comme la mer elle-même
mangeuse d'algues et d'embryons, et qui rejette à l'assemblée des

afar over its porous tables. You are the scale, and the green fire, and the snake of green fire, at the base of schists foliated with gold, there where the myrtle and the dwarf oak and the wax shrub of the beaches descend to the sea's fire seeking their freckles of red lichen . . .

O woman, and fever made woman! lips which have known your ascent, bear no fragrance of death. Living—and who more alive?—you smell of green water and the reef, you smell of virgins and seaweed, and your sides are laved in the favour of our days. You smell of the stone spangled with stars and of copper heated in the lubricity of the waters. You are the stone laurelled with algae in the wake of the swell, and you know the underside of the tallest sea-fronds encrusted with limestone. You are the face bathed with shadow and the excellence of sandstone. You sway with the wild oats and the sand millet and the marsh grass of the flooded beaches; and your breath is in the exhalation of straw towards the sea, and you move with the migration of sand towards the sea . . .

Drunk, very drunk, regal heart, from harbouring such a swell, and the flesh more sensitive than the tissues of the eyes . . . You follow the sea, ineluctable and strong, in its work. And you feel the incoercible pulse, and are open—bound, unbound—to the dilation of the waters; and the retractable sea keeps pulsing in you its rings, its pupils, and the day contracts, and the night enlarges, the immense eye that possesses you . . . Homage! homage to the complicity of the waters. There, no offence to your soul! Like the violent spirit of the god who takes possession of the unborn man in the woman, and tramples the woman in her linens and divided membranes, ah! like the sea itself, devourer of kelp

121

Juges et des Mères ses grandes poches placentaires et ses grandes algues laminaires, ses très grands tabliers de cuir pour Accoucheuses et Sacrificateurs, plaise au plaisir sacré de joindre sa victime, et que l'Amante renversée dans ses enveloppes florales livre à la nuit de mer sa chair froissée de grande labiée! Il n'est point là d'offense pour son âme . . .

Submersion! soumission! Que le plaisir sacré t'inonde, sa demeure! Et la jubilation très forte est dans la chair, et de la chair dans l'âme est l'aiguillon. J'ai vu briller entre tes dents le pavot rouge de la déesse. L'amour en mer brûle ses vaisseaux. Et toi, tu te complais dans la vivacité divine, comme l'on voit les dieux agiles sous l'eau claire, où vont les ombres dénouant leurs ceintures légères . . . Hommage, hommage à la diversité divine! Une même vague par le monde, une même vague notre course . . . Étroite la mesure, étroite la césure, qui rompt en son milieu le corps de femme comme le mètre antique . . . Tu grandiras, licence! La mer lubrique nous exhorte, et l'odeur de ses vasques erre dans notre lit . . . Rouge d'oursin les chambres du plaisir.»

and embryos, and who casts before the assembly of Judges and Mothers her great placentary pouches and her great folds of kelp, her very large leather aprons for midwives and Sacrificers, may it please the sacred pleasure to rejoin its victim, and may the Woman lying in her floral sheaths deliver to the sea's night the bruised flesh of a great labiate! No offence there to her soul . . .

Immersion! submission! May the sacred pleasure flow in you, its dwelling! And the jubilation is high in the flesh, and spur to the soul is the joy of the flesh. I have seen glistening between your teeth the red poppy of the goddesses. Love at sea burns its vessels. And you take delight in the divine ardour, as do the agile gods seen through the clear water, where the shadows move, releasing their light girdles . . . Homage, homage to the divine diversity! One same wave throughout the world, one same wave our course . . . Narrow the measure, narrow the caesura, which breaks the woman's body at the middle like an ancient metre . . . You will grow, licence! The lubricious sea exhorts us and the odour of its basins lingers in our bed . . . Red as the red sea-urchins are the chambers of pleasure."

4

1—

«... Plaintes *de femme sur l'arène, râles de femme dans la nuit ne sont que roucoulements d'orage en fuite sur les eaux. Ramiers d'orage et de falaises, et cœur qui brise sur les sables, qu'il est de mer encore dans le bonheur en larmes de l'Amante!*
... Toi l'Oppresseur et qui nous foules, comme couvées de cailles et coulées d'ailes migratrices, nous diras-tu qui nous assemble?

Mer à ma voix mêlée et mer en moi toujours mêlée, amour, amour, qui parle haut sur les brisants et les coraux, laisserez-vous mesure et grâce au corps de femme trop aimante? ... Plainte de femme et pressurée, plainte de femme et non blessée ... étends, ô Maître, mon supplice; étire, ô Maître, mon délice! Quelle tendre bête harponnée fut, plus aimante, châtiée?

Femme suis et mortelle, en toute chair où n'est l'Amant. Pour nous le dur attelage en marche sur les eaux. Qu'il nous piétine du sabot, et nous meurtrisse du rostre, et du timon bosselé de bronze qu'il nous heurte! ... Et l'Amante tient l'Amant comme un peuple de rustres, et l'Amant tient l'Amante comme une mêlée d'astres. Et mon corps s'ouvre sans décence à l'Étalon du sacre, comme la mer elle-même aux saillies de la foudre.

O Mer levée contre la mort! Qu'il est d'amour en marche

124

4

1—

". . . Cries of passion on the shore, sighs of passion in the night are but cooings of a storm in flight over the waters. Doves of storm and cliffs, and a heart that breaks on the sand, how much sea there still is in the tearful joy of the Woman who loves! . . . You, the Oppressor, who trample us, like coveys of quail and floods of migratory wings, will you tell us who calls us together?

Sea mingled in my voice and sea blended always in me, love, love that speaks loudly on the breakers and the coral reefs, will you allow measure and grace to the body of a woman who loves too much? Cry of woman, vintage in the press—cry of woman, joyous and unharmed . . . extend, O Master, my torment; draw out, O Master, my delight! What tender prey harpooned was ever to her joy so chastised?

Woman am I and mortal, in all flesh deserted by Love. For us the cruel team racing over the waters. May it trample us under its hoofs, and batter us with its ram, and with the bronze-studded pole may it strike us down! . . . And the Woman holds her Lover like a tribe of brutes, and the Lover holds the Woman like a *mêlée* of stars. And my body opens without decency to the Stallion of the rite, like the sea itself to the assaults of the lightning.

O Sea raised against death! How much love is marching

par le monde à la rencontre de ta horde! Une seule vague sur son cric! . . . Et toi le Maître, et qui commandes, tu sais l'usage de nos armes. Et l'amour seul tient en arrêt, tient sur sa tige menaçante, la haute vague courbe et lisse à gorge peinte de naja.

Nulle flûte d'Asie, enflant l'ampoule de sa courge, n'apaiserait le monstre dilaté. Mais langue à langue, et souffle à souffle, haletante! la face ruisselante et l'œil rongé d'acide, celle qui soutient seule l'ardente controverse, l'Amante hérissée, et qui recule et s'arque et qui fait front, émet son sifflement d'amante et de prêtresse . . .

Frapperas-tu, hampe divine?—Faveur du monstre, mon sursis! et plus stridente, l'impatience! . . . La mort à tête biseautée, l'amour à tête carénée, darde sa langue très fréquente. L'Incessante est son nom; l'innocence son heure. Entends vivre la mort et son cri de cigale . . .

Tu frapperas, promesse!—Plus prompte, ô Maître, ta réponse, et ton intimation plus forte! Parle plus haut, despote! et plus assidûment m'assaille: l'irritation est à son comble! Quête plus loin, Congre royal: ainsi l'éclair en mer cherche la gaine du navire . . .

Tu as frappé, foudre divine!—Qui pousse en moi ce très grand cri de femme non sevrée? . . . O splendeur! ô tristesse! et très haut peigne d'Immortelle coiffant l'écume radieuse! et tout ce comble, et qui s'écroule, herse d'or! . . . J'ai cru hanter la fable même et l'interdit.

126

through the world to an encounter with your horde! One single wave on its lever! . . . And you the Master, who command, you know the use of our weapons. And love alone holds in suspense, holds on its threatening stem, the tall wave curving and sleek on its painted cobra's throat.

No flute of Asia, swelling the bulb of its gourd, would appease the dilated monster. But tongue to tongue, and breath to breath, panting, her face streaming and her eyes devoured with acid, she who alone sustains the ardent controversy, the Lover, erect in wrath, who recoils, who bends taut, and stands fast, utters her hissing of lover and priestess . . .

Will you strike, divine staff?—Favour of the monster, my reprieve! and more strident, the impatience! . . . Death with bevelled head, love with faired head darts its very frequent tongue. Incessant is its name; innocence is its hour. Hear death living—its cry of a cicada . . .

You will strike, promise!—More prompt, O Master, your answer, and stronger your summons! Speak louder, despot! and assail me more assiduously: irritation is at its height. Search farther, royal Conger: so does lightning on the sea seek the ship for a sheath . . .

You have struck, divine lightning!—Who in me gives this very great cry of a woman unweaned? . . . O splendour! O sadness! and the very tall comb of immortality crowning the radiant foam! and all this glory which flares out, golden harrow! . . . Did I haunt there the forbidden, and the heart of fable?

Toi, dieu mon hôte, qui fus là, garde vivante en moi l'hélice de ton viol. Et nous ravisse aussi ce très long cri de l'âme non criée! . . . La Mort éblouissante et vaine s'en va, du pas des mimes, honorer d'autres lits. Et la Mer étrangère, ensemencée d'écume, engendre au loin sur d'autres rives ses chevaux de parade . . .

Ces larmes, mon amour, n'étaient point larmes de mortelle.»

*

2—

«. . . Vaisseau qui s'ouvre sur sa quille, illuminé de braise et d'or, corbeille ardente du naufrage! ô splendeur, ô tristesse! Hanter l'Être, et si prompt! La mer n'est pas plus âpre à consumer son dieu . . .

Grâce pour Celle qui fut là, et si brièvement fut là—ah! comme Celle qui a bu le sang dans les coupes royales et qui ne connaît plus sa caste ni son rang, mais dont le songe encore se souvient: «J'ai fréquenté la mort éblouissante et vaine, j'ai conversé de pair avec la foudre sans visage; et moi qui sais de mer plus que n'en savent les vivants, je sais aussi le mal ancien dans sa clairière de feu jaune. Qui rêve l'épée nue couchée dans les eaux claires, n'a point banni du conte les flambeaux et les larmes . . .»

Larmes d'amante, ô malaimée, n'ont point leur source dans l'amant. Inimitié au dieu jaloux qui te vendange dans mes bras! Étrangère la main qui presse la grappe entre nos faces. Toi l'indivise, trahissais . . . Transgression, transgression, ô

You, god, who were there, my guest, keep alive in me the helix of your rape. And may we also be ravished by this very long cry of the soul—not cried aloud! . . . Death, dazzling and vain, goes, with the step of mimes, to honour other beds. And the alien Sea, seeded with foam, engenders far off on other shores its parade chargers . . .

These tears, my Love, were not tears of a mortal woman."

✳

2—

". . . Vessel which opens on its keel, illumined with embers and with gold, flaming brazier of the shipwreck! O splendour, O sadness! To haunt the Being, and so prompt! The sea is not more eager to consume its god . . .

Favour for Her who was there, and so briefly was there— ah! like One who drank blood from the royal cups and who no longer knows her caste nor her rank, but whose dream still remembers: 'I frequented death, dazzling and vain, I conversed as an equal with the faceless lightning: and I, who know of the sea more than the living know, know also the ancient evil in its glade of yellow fire. He who dreams of the naked sword resting in clear waters, has not banished from the tale the torches and the tears . . .'

Tears of the loved one, O ill-loved one, do not have their source in the lover. Enmity to the jealous god who harvests your vine in my arms! Alien the hand which presses the grape between our faces. You, the undivided one, betrayed

tristesse! Hanter l'Être est d'un mime. Quelqu'un alors a-t-il parlé? Il ne saurait se faire entendre. L'inhabitable est notre site, et l'effraction sans suite. Mais la fierté de vivre est dans l'accès, non dans l'usage ni l'avoir.

. . . Tu renaîtras, désir! et nous diras ton autre nom. O passion, voie royale, où se relève le Roi ivre escorté de l'Aveugle! Désir, désir, qui nous devance et nous assiste, est-ce là ton seul nom et n'en est-il point d'autre? . . . O toi qui fais crier au loin le sable sur d'invisibles seuils, et fais visible sur les eaux l'approche du message, ô toi le Précurseur et toi l'Annonciateur, ta quête est la plus vaste et tes voies sont multiples. Tu reprends souffle devant moi. Et me tendant toujours ton arme, me tendras-tu toujours la femme sur son arc?

*

Trombes en marche du désir, et l'éclair de partout essaimant ses présages! La succion du dieu fort est sur la face tuméfiée des eaux. La mer au masque de baudroie n'épouse plus le fond chagrin des choses. Désir, ô Maître, vis ton œuvre! . . . Et la mer anfractueuse du songe, à grands éclats de verre noir, comme de lave vitrifiée, cède au ciseau ses cubes, ses trièdres!

Descends, Sculpteur, et le cœur grand—car l'œuvre est grande—parmi tes filles, tes manœuvres, et tout ton peuple de carriers. Revois, ô Songe, ton ouvrage: non point le bouclier d'orfèvre, ni le miroir d'argent ciselé où court l'ignominie des

. . . Transgression, transgression, O sadness! To haunt the Being is but act of a mime. Has someone then spoken? He could not be heard. The uninhabitable is our site, and intrusion yields no profit. But the pride of living is in the reaching, not in the using or having.

. . . You will rise again, Desire! And you will tell us your other name. O passion, royal highway, where the drunken King, escorted by the Blind, rises from the dust again! Desire, desire, who go before us and assist us, is that your only name and is there no other? . . . O you who cause the sand to cry far off on invisible thresholds, and make visible on the waters the approach of the message, O you, the Precursor and you the Annunciator, yours is the widest search, and your ways are numberless. You recover your breath before me. And always offering your weapon, will you always offer me the woman as arrow for the bow?

*

Tornadoes in the wake of desire, and lightning from all sides scattering its portents! The suction of the strong god is on the tumefied surface of the waters. The sea with its lophius-mask no longer weds the gloomy depth of things. Desire, O Master, live your work! . . . And the craggy sea of the dream, with great shafts of black glass, like vitrified lava, yields to the chisel its cubes, its trihedrals!

Go down, sculptor, great of heart—for the work is great— among your daughters, your labourers, and all your host of quarriers. O Dream, look again on your work: not the shield of the goldsmith, nor the mirror of chased silver overrun with

roses (le léopard parmi la vigne, la vierge en croupe du taureau, ou le dauphin coiffé des pampres de l'écume),

Mais d'une seule masse et d'un seul jais, luisant et noir, comme chargement de mailles de fer aux fosses combles des vaisseaux, tout ce puissant plexus de forces et d'alliances: la mer, ses boucles, ses sphincters, et son million de bouches closes sur l'anneau du désir—ou bien la mer hors de ses sangles, et dans sa grande robe de jument noire entaillée de blessures: ouvertures fraîches et lubriques!

. . . Amie, j'ai mieux à dire, et les dieux sont passés: d'une seule face et d'un seul trait, au revers de sa houle, et sur ses longues tables lisses de graphite, dans l'apaisement lointain des plus beaux champs de pavots gris, j'ai vu soudain la mer immeuble, couleur de sédiment: la mer au loin comme un Soudan rêvant ses reines noires au front ponctué de bleu . . .

✳

. . . O femme haute dans sa crue et comme prise dans son cours! je me lèverai encore en armes dans la nuit de ton corps, et ruissellerai encore de tes années de mer.

Étroitement encore l'âme, à l'incision du corps! Et toi chantante et balbutiante sur ta rive épineuse, Sibylle ouverte sur son roc comme la fille d'Érythrée—grande hydre de force et de douceur qui regorge son dieu—tu fréquenteras encore le vrai du songe: cette autre mer, plus vaste et proche, que nul n'enseigne ni ne nomme.

the ignominy of roses (the leopard in the vineyard, the virgin on the bull's back, and the dolphin crowned with vine branches of foam),

But of a single mass and of a single block of jet, shiny and black, like a load of iron links in the packed holds of ships, all this powerful plexus of forces and of alliances: the sea, its ring-bolts, its sphincters, and its millions of mouths closed on the ring of desire—or else the sea out of its bonds, in its great robe of a black mare slashed with wounds: fresh and lubricious openings!

. . . My love, I have better to say, and the gods have passed: of one surface and of one stretch, on the back of the swell, and on its long smooth tables ᴦf graphite, in the far appeasement of the most beautiful fields of gray poppies, I saw of a sudden the immovable sea, colour of sediment: the sea far off like a Sudan dreaming of its black queens with their foreheads punctuated with blue . . .

*

. . . O woman, high in her flood as if taken in her course! I will rise again in arms in the night of your body, and will be streaming again with your sea years.

Close bound again the soul, at the incision of the body! And you, singing and stammering on your thorny bank, Sibyl open on her rock like the Erythrean virgin—great hydra of force and tenderness who disgorges her god—you will again frequent the truth of the dream: that other sea, most vast and nearby, that no one teaches or names.

Mène ta course, dieu d'emprunt. Nous sommes tes relais! Une même vague par le monde, une même vague depuis Troie . . . La houle monte et se fait femme. La mer au ventre d'amoureuse masse inlassablement sa proie. Et l'amour fait chanter, et la mer osciller, le lit de cèdre sur ses ais, la coque courbe sur ses joints. Riche d'offrande notre couche, et de la charge de nos œuvres . . .

Vierge clouée à mon étrave, ah! comme celle qu'on immole, tu es la libation du vin au tranchant de la proue, tu es l'offrande de haute mer aux morts qui bercent les vivants: la chaîne lâche de roses rouges qui s'ouvre sur les eaux après les rites de l'adieu—et les vaisseaux du trafiquant en couperont la ligne odorante dans la nuit.

Désir, ô Prince sous le masque, tu nous as dit ton autre nom! . . . Et toi l'Amante, pour ton dieu, tu siffles encore ton sifflement d'orfraie. Et toi l'Amante, sur ton souffle, tu t'arqueras encore pour l'enfantement du cri—jusqu'à cette émission très douce, prends-y garde, et cette voyelle infime, où s'engage le dieu . . . Soumission, soumission! . . . Soumise encore à la question!

Et qui donc, sur ton aile, t'a mise encore à vif, et renversée, comme l'aigle femelle sur son fagot d'épines, et de l'ongle appuyée au flanc du Questionneur? . . . O très puissante ronce de guerre adossée à sa roche, tu tiens plus haut que mer ton invective contre la mort. L'amour, la mer se fassent entendre! Naissance et mort aux mêmes frondes! . . . J'ai découplé l'éclair, et

Run your course, transient god. We are your relays! One same wave throughout the world, one same wave since Troy . . . The swell rises and is made woman. The sea with the belly of a loving woman kneads untiringly its prey. And love causes the singing, and the sea the rocking, of the cedar bed on its boards, of the curved hull on its joints. Our bed rich with offerings and with the burden of our works . . .

Virgin nailed to my prow, ah! like her who is immolated, you are the libation of the wine at the cutwater of the bow, you are the offering of the high seas to the dead who rock the living: the loose chain of red roses which opens over the waters after the rites of farewell—and the vessels of the trader will cut through the fragrant line in the night.

Desire, O Prince under the mask, you told us your other name! . . . And you the Loved One, again you whistle for your God your whistle of an osprey. And you, the Loved One, you will again arch yourself on your breath for the delivering of the cry—until that very soft utterance, guard it, and that lowest vowel that enlists the god . . . Submission, submission! . . . Submissive again to the question!

And who then has roused you again to violence, rearing on your wings, like the female eagle on its faggot of thorns, talon pressed against the flank of the Questioner? . . . O most powerful embattled briar backed against the rock, you hold higher than the sea your invective against death. Let love and the sea be heard! Birth and death in the same slings! . . . I have unleashed the lightning, and its quest

sa quête n'est point vaine. Tu frapperas, foudre divine! . . .
Hanter l'Être n'est point leurre. Et l'amante n'est point mime.
Arbre fourchu du viol que remonte l'éclair! . . .

—Ainsi Celle qui a nom frappe à midi le cœur éblouissant
des eaux: Istar, splendide et nue, éperonnée d'éclairs et d'aigles
verts, dans les grandes gazes vertes de son feu d'épaves . . . O
splendeur, non tristesse! Amour qui tranche et qui ne rompt! et
cœur enfin libre de mort! . . . Tu m'as donné ce très grand cri
de femme qui dure sur les eaux.»

5

1—

«. . . A TON *côté rangée, comme la rame à fond de barque;*
à ton côté roulée, comme la voile avec la vergue, au bas du
mât liée . . . Un million de bulles plus qu'heureuses, dans le
sillage et sous la quille . . . Et la mer elle-même, notre songe,
comme une seule et vaste ombelle . . . Et son million de capi-
tules, de florules en voie de dissémination . . .

Survivance, ô sagesse! Fraîcheur d'orage et qui s'éloigne,
paupières meurtries, du bleu d'orage . . . Ouvre ta paume,
bonheur d'être . . . Et qui donc était là, qui n'est plus que bien-
fait? Un pas s'éloigne en moi qui n'est point de mortelle. Des

is not in vain. You will strike, divine lightning! . . . To haunt the Being is not a delusion. And the Woman who loves is no mime. Forked tree of the rape which the lightning ascends! . . .

—Thus She who has a name strikes at noon the dazzling heart of the waters: Ishtar, splendid and naked, spurred with lightning bolts and green eagles, in the great green gauzes of her driftwood fire . . . O splendour, not sadness! Love which triumphs and does not retreat! and the heart at last free from death! . . . You have given me this very great cry of a woman which lasts over the waters."

5

1—

". . . LAID at your side, like the oar in the bottom of the boat; rolled at your side, like the sail with the yard, lashed at the foot of the mast . . . A million bubbles more than happy in the wake and beneath the keel . . . And the sea itself, our dream, like a single vast umbel . . . And its million of flower heads and florets in course of dissemination . . .

Survival, O wisdom! Coolness of receding storm, bruised eyelids, with the blue of the storm . . . Open your palm, happiness of being . . . And who was there, of whom nothing remained but goodness? In me a step recedes which is not of a mortal. Far away voyage travellers whom we have

*voyageurs au loin voyagent que nous n'avons interpellés. Tendez
la tente imprégnée d'or, ô pur ombrage d'après-vivre . . .*

*Et la grande aile silencieuse qui si longtemps fut telle, à
notre poupe, oriente encore dans le songe, oriente encore sur les
eaux, nos corps qui se sont tant aimés, nos cœurs qui se sont tant
émus . . . Au loin la course d'une dernière vague, haussant
plus haut l'offrande de son mors . . . Je t'aime—tu es là—et
tout l'immense bonheur d'être qui là fut consommé.*

*Allez plus doucement, ô cours des choses à leur fin. La mort
navigue dans la mort et n'a souci du vif. La nuit salée nous
porte dans ses flancs. Et nous, nous desserrons l'étreinte de nos
bras pour écouter en nous régner la mer sans rives ni récifs.
Passion très forte et très docile. Mille paupières favorables . . .*

*Et l'amante bat des cils dans tout ce lieu très calme. La mer
égale m'environne et m'ouvre la cime de ses palmes. J'entends
battre du sang la sève égale et nourricière—ô songe encore que
j'allaite! Et ma lèvre est salée du sel de ta naissance, et ton corps
est salé du sel de ma naissance . . . Tu es là, mon amour, et je
n'ai lieu qu'en toi.*

*Sourire d'être dans ton souffle, comme sous l'abri de toile du
navire. La brise est dans le tendelet . . . Que je te sois douceur
liée et grâce tendre sur les eaux: silence et veille dans ta veille
et battement dans l'ombre de tes cils. Pour toi mon front de
femme et le parfum d'épouse à la naissance du front; pour moi
ce battement très fort du sang dans la méduse du cœur d'homme.*

not hailed. Pitch the tent impregnated with gold, O pure shadow of afterglow . . .

And the great silent wing which was thus for so long a time, at our stern, still directs in the dream, still directs on the waters, our bodies which have so greatly loved each other, our hearts which have been so deeply moved . . . Afar, the course of the one last wave, tossing higher the offering of its bridle bit . . . I love you—you are here—and all the immense joy of being which here was consummated.

Go more gently, O course of things to their end. Death sails in death and has no care for the living. The salty night bears us in its flanks. And we loosen the clasp of our arms to listen to the sea without shores or reefs reigning in us. Passion very strong and very docile. A thousand favorable eyelids . . .

And the Woman who loves fans her eyelashes in all this very great calm. The level sea surrounds me and opens for me the fronds of its palms. I hear beating in the blood the steady, nourishing sap—O dream again that I nurse! And my lip is salty with the salt of my birth and your body is salty with the salt of my birth . . . You are here, my love, and I have no place save in you.

Smile of being in your breath, as in the shelter of the ship's canvas. The breeze is in the awning . . . May I be for you sweetness allied and tender grace on the waters: silence and vigil in your vigil and fluttering in the shadow of your lashes. For you my woman's brow and the perfume of the spouse at the line of the brow; for me this very strong beating of the blood in the medusa of man's heart.

Et mon sein gauche est dans ta main, le sceau d'empire est dérobé! . . . Ferme ta paume, bonheur d'être . . . La main qui règne sur ma hanche régit au loin la face d'un empire, et la bonté d'aimer s'étend à toutes ses provinces. La paix des eaux soit avec nous! et l'ouverture au loin, entre neiges et sables, d'un grand royaume littoral qui baigne aux vagues ses bêtes blanches.

Et moi que suis-je, à fond d'eaux claires, que l'aisance grave d'une palme, et qui se berce, gorgonie? . . . J'écoute vivre dans la nuit la grande chose qui n'a nom. Et l'épine de la crainte est de ma chair absente. La pierre du seuil est en travers du seuil, et la mer au-delà de la pierre du seuil. Mort hérétique et vaine, graciée! Cause gagnée, mer conciliée. Et la faveur au loin est partagée, l'amour avide de son bien.

Vous qui de mort m'avez sauvée, soyez loués, dieux saufs, pour tout ce comble qui fut nôtre, et tout ce grand labeur d'amour que vous avez en moi tracé, et tout ce très grand cri de mer que vous avez en moi crié. La mort qui change de tunique s'en va nourrir au loin son peuple de croyants. La mer ensemencée d'écume assemble au loin pour nous ses chevaux de parade. Et toi que j'aime, tu es là. Mon cœur, mon corps libres de mort, prends-en la garde et le souci . . .

*

Persiennes basses et feux éteints, la maison de boiserie navigue comme une trirème, et sous l'auvent de bois léger l'alignement des chevrons tient comme un rang de rames égales pour l'envol. Filer! filer, au fil d'ivoire de nos lattes . . . La brise est

And my left breast is in your hand, the seal of empire is seized! . . . Close your palm, joy of being . . . The hand which reigns on my hip governs afar the face of an empire, and the goodness of loving extends to all its provinces. May the peace of the waters be with us! and the opening, afar, between snow and sand, of a great coastal kingdom which bathes its white beasts in the waves.

And what am I, in the depth of clear waters, but the grave ease of a palm, which rocks itself, a sea-fan? I hear living in the night the great nameless thing . . . And the thorn of fear is absent from my flesh. The stone of the sill is along the sill, and the sea beyond the stone of the sill. Death, heretical and vain, reprieved! Cause gained, sea conciliated. And the favour is shared far off, love is avid of its possessions.

You who have saved me from death, be praised, scatheless gods, for all this fulfillment which was ours, and all this great labour of love which you have traced in me, and all this very great cry of the sea which you have cried in me. Death which changes its tunic goes far away to nourish its host of believers. The sea seeded with foam assembles far off for us its parade chargers. And you whom I love are here. My heart, my body free of death, take them in your watch and care . . .

*

Blinds down and fires out, the house of timber sails like a trireme, and under the roof of light wood the rafters hold their alignment like a row of oars levelled for the flight. Fleeing, fleeing, with the flight of our ivory laths . . . The

fraîche dans les stores, et dit un nom plus frais qu'Anchise; et la maison respire dans ses cloisons de paille . . . O goût de l'âme très foraine, dis-nous la route que tu suis, et quelle trirème heureuse tu lances toi-même vers l'aurore. Qui donc en nous voyage qui n'a vaisseaux sur mer? Vivre n'aurait-il sa fin? Que nul ne meure qu'il n'ait aimé!

Nous qui passons les mers sur notre lit sans rames ni mâture, savons, et qu'il n'a fin, ce cours des choses réversibles. Amour et mer et voies de mer . . . La lune basse emplit les lampes, les salines. J'ai vu glisser dans nos persiennes sa lame vive d'écaillère . . . Ou c'est l'étoile Bélus qui niche dans les palmes, et rafraîchit la nuit d'été de ses couvées de glaçons bleus. Pieds nus alors sur les galeries de bois et sur les dalles d'avant-seuil . . . J'ai vu s'ouvrir la nuit première et tout son bleu de perle vraie.

La terre et ses daims noirs descendent aux laisses de basse mer. Et la mer à pieds nus s'éloigne sur les sables. Les continents lisérés d'or voyagent dans leur nimbe. Les îles agrandies cèdent au médaillier des grèves leurs grandes monnaies planes de bois lisse, ou de cuir; et les siliques entrouvertes, en forme de carènes, qui ont vidé leurs loges, leurs écuelles, montrent leurs cloisons blanches et sèches comme des bancs de rameurs. Les graines flottantes s'ensevelissent au lieu de leur atterrissage. Il en naîtra des arbres pour l'ébénisterie.

O demeure, ô branchies entre la mer des choses et moi . . . Qu'est tout ce monde inconnaissable où nous aimons, parmi ces

breeze is fresh in the blinds, and speaks a name fresher than Anchises; and the house breathes in its walls of straw . . . O vagrant soul, returning quest, tell us the road you follow, and what happy trireme you too are launching towards the dawn. Who then in us voyages, who has no vessels on the sea? To life will there be no end? May no one die till he has loved!

We who cross the seas on our bed without oars or rigging, know that it has no end, this course of reversible things. Love and the sea and the sea lanes . . . The low-hung moon fills the lamps, the salt-flats. I have seen, slipping through our shutters, her sharp blade of an oyster-knife . . . Or is it the star Belus which nests in the palms, and cools the summer night with its coveys of blue icicles? Barefooted then on the wooden galleries and the slabs before the threshold . . . I have seen the first night open out and all its blue of true pearl.

The land and its black does descend to the low-tide marks of the sea. And the sea, with bare feet, withdraws over the sands. The continents edged with gold voyage in their haloes. The enlarged islands yield to the medal collection of the shores their great planed coins of polished wood, or of leather; and the half-opened pods, in the shape of hulls, which have emptied their cells, their basins, expose their partitions, white and dry, like rowers' benches. Floating seeds bury themselves where they come to rest. And from them grow trees for the cabinet-maker's art.

O dwelling, O branchiae between the sea of things and me . . . What is all this unknowable world where we love,

*houles immergées, comme sur les cimes tard fleuries des forêts
inondées? . . . Cette nuit, l'étoile est double et s'enfle sur les
eaux. De très grands astres ruisselants sortent de mer comme des
épées vives, sans garde ni poignée; et la mer nous rejette la lame
du belluaire. Des compagnies sans armes se déploient dans les
jardins de pierre, comme au sortir des grandes fêtes interra-
ciales où se plaisaient les conquérants heureux, marieurs de
peuples sur les plages.*

*Il va pleuvoir avant le jour. La nuit déchire ses bandelettes.
Et sur les sables picorés nul ne déchiffrera l'écrit. La pierre du
seuil se couvre d'arborescences pâles, de présages. Les bêtes déi-
fiées s'éveillent dans les urnes. Les horoscopes sont tirés. Mer
conciliée, cause gagnée. Et les vapeurs de mer assiègent la
bouche des citernes, et dans les vieilles maçonneries liées au
sable de mer s'élargissent les taches de l'infection divine. De
hautes pierres blanches, adossées, sont léchées par les chèvres.
Enfuie la peine, migratrice! Et j'aime; et tu es là. Il n'est sécurité plus grande qu'au vaisseau de l'amour.*

*. . . Voici la brise d'avant pluie! Entends la chute, sur le
toit, des petites noix de palme. On les recueillera dans nos lar-
miers, pour l'ornement du jour, et je te montrerai comment,
chaussées de corne ou bien d'ivoire, enchâssées d'ongles et
d'écailles, elles sont enturbannées à la mode des Indes . . . La
brise de mer est sur les cayes. Le vin de palme est dans les
palmes. Et ce bruit, c'est la pluie . . . Non, cliquetis d'armes
remuées au râtelier des palmes. Quelle autre âme, soudain, bat
de l'aile, et captive, dans nos tentures de paille lattées de jonc—
comme sont les voiles, nous dit-on, des hautes naves asiatiques?*

144

among the submerged swells, as if on the late-flowering crests of flooded forests? . . . Tonight, the star is double and swells on the waters. Very large streaming planets rise from the sea like live swords without guard or hilt; and the sea flings back to us the blade of the gladiator. Companies without arms deploy in the stone gardens, as at the breaking up of great interracial celebrations where the happy conquerors, marriers of races on the beaches, took their pleasure.

It will rain before daylight. Night tears its bandlets. And on the rain-pecked sands no man will decipher the writing. The stone threshold is covered with pale arborescences, with omens. The deified beasts awaken in their urns. The horoscopes are drawn. Sea conciliated, cause gained. And the sea mists besiege the mouths of the cisterns, and on the ancient masonry bound with sea sand spread the stains of the divine infection. And tall white stones, their back to the wall, are licked by goats. Gone is the pain on its migrations. And I love; and you are here. There is no security as great as in the vessel of love.

. . . Now comes the breeze before the rain! Listen to the fall, on the roof, of these little palm nuts. We will gather them under our eaves, to be the ornament of the day, and I will show you how, shod with horn or ivory, set with claws and shells, they are turbaned in the style of the Indies . . . The sea-breeze is on the cays. The palm wine is in the palms. And this sound is the rain . . . No, rattle of arms stirring in the rack of the palms. What other soul, suddenly, beats its wings captive in our straw hangings battened with rush, as are the sails, we are told, of the tall Asiatic ships?

145

... *Il pleut sur les terrasses et les toitures cannelées: tuiles alors couleur de corne et de muscade, couleur de pierres sonores pour batteries légères et tympanons. La jarre de terre est sous l'auvent, et sa hanche est heureuse. L'ondée de mer est sur le carrelage et sur la pierre du seuil; est dans les jattes de plein air et les terrines vernissées aux revers de Nubiennes. S'y lavera l'Amante de sa nuit d'amante; y lavera ses hanches et puis sa gorge et son visage, y lavera ses cuisses jusqu'à l'aine et jusqu'au pli de l'aine. L'étoile aussi s'y lavera, dernière venue et tard sevrée.*

... *Il a plu, c'est le jour. Lune couleur d'alun. Et le ciel au levant prend couleur de sarcelle. A toute grâce, bienvenue! L'aube d'Été est, sur la mer, le premier pas d'amante nue hors de son linge foulé bas. De mer issu, et par les femmes, ce corps de femme né de femme ... Et celle qui pour la nuit avait gardé ses perles nées de mer, s'apparentera encore au siècle du corail ... Et peut-être n'a-t-il plu: si douce, ô pluie, fut ton approche ... Et qui n'en douterait, n'était ce fin tracé de signes sur les sables, comme de fines meurtrissures au flanc des jeunes mères?*

*

Matin lavé comme l'épouse. Et la couleur au monde restituée: entremetteuse et mérétrice! La mer est là, qui n'est plus songe. Et l'ovation lui soit donnée! comme à la mer elle-même de midi, celle qui lave ses lionceaux derrière les poivriers en fleurs ... Je sais qu'un peuple de petites méduses, en forme d'ovaires, de matrices, emplit déjà la nuit des anses mises à

. . . It is raining on the terraces and the channelled roofs: tiles take the colour of horn and of nutmeg, colour of sonorous stones for light drums and dulcimers. The earthen jar is under the eaves, and its haunch is happy. The sea shower falls on the tiles and on the threshold stone; falls in the outer basins and the varnished earthen vessels with Nubian women's lips. There, the Loved One will wash herself of her night of love; will wash her hips, and then her breasts and her face, will wash her thighs to the groin and to the fold of the groin. The star also will be washed there, the last to come and late weaned.

. . . It has rained, it is day. Moon colour of alum. And the sky in the east takes on the colour of a teal. Welcome to all grace! The Summer dawn is, on the sea, the first step of the Loved One naked, out of her linen dropped in circle around her. Issue of the sea, and by women, the woman's body born of woman . . . And she who for the night had kept her pearls born of the sea, will again ally herself with the century of coral . . . And perhaps it has not rained: so sweet, O rain, was your approach . . . And who would not doubt it, were it not for this delicate tracing of signs on the sands, like delicate bruises on the flanks of your mothers?

*

Morning washed like the spouse. And colour, as mediator and accomplice, restored to the world! The sea is there, that is no longer dream. And may it be given an ovation! as to the sea of noon itself, which bathes her lion cubs behind the pepper plants in flower . . . I know that a multitude of small medusae, in the shape of ovaries, of matrices, already

jour. *Et le raisin de mer est visité par de petits rongeurs nocturnes. De très grands arbres odorants se tournent en grâce vers la mer. Et toutes bêtes parasitées s'étrillent aux langues des lagunes. Et la mer roule jusqu'à nous ses poupées rondes de corail blanc. Les chercheurs d'ambre gris, sur leurs chevaux à l'amble, parcourent seuls les très longues plages renouvelées. Les ramasseurs de cailles se courbent vers les grottes et dans les creux du littoral.*

Et l'on ramasse aussi, pour les abords des temples et pour les lieux d'asile, de ces petites algues sèches de literie appelées posidonies. Et les trieuses de lentilles, coiffées de longues visières de feuillage, s'attablent aux gradins de pierre et sur les avancées de pierre en forme de comptoirs. Aux pointes d'îles sont les sternes, qui frayent avec l'huîtrier-pie. Et l'aiguille aimantée du bonheur tient sur les sables immergés sa lourde flèche d'or massif. Un poisson bleu, du bleu d'orfèvre, qui vire au vert de malachite aimé des grands Nomades, croise seul, en eau libre, comme un vaisseau d'offrande . . .

Bienvenue! bienvenue! à tous nos hôtes—ô Consanguins! . . . Qu'à tous s'étende même palme! . . . Et toi que j'aime, tu es là. La paix des eaux soit avec nous! . . . et le sommeil aussi qui s'ouvre, pour l'amante, à la censure du grand jour . . .

Il n'est sécurité plus grande qu'au sommeil de l'Amante.»

✱

fills the night of coves brought to light. And the sea grape is visited by small nocturnal rodents. Very tall fragrant trees turn in grace towards the sea. And all beasts covered with parasites, curry themselves against bars of the lagoons. And the sea rolls up to us its round dolls of white coral. The seekers of ambergris, on their ambling horses, alone scour the very long renewed beaches. The gatherers of quail bend towards the grottoes and in the hollows of the coast.

And here is gathered also, for the approaches of temples and for places of refuge, that little dry seaweed for bedding called posidony. And the women who sort lentils, capped with long visors of leaves, seat themselves at tables on the stone tiers and on the jutting rocks in the shape of counters. At the points of the islands are the terns which mix with the oyster-catchers. And the magnetic arrow of happiness holds straight on the submerged sands its heavy shaft of massive gold. A blue fish, of a goldsmith's blue, which veers towards the green of malachite loved by the great Nomads, cruises alone, in clear water, like a votive vessel . . .

Welcome! welcome! to all our guests—O Kinsmen! . . . May the same palm be extended to all! And you whom I love are here. The peace of the waters be with us! . . . and sleep also, that for the Woman who loves, lays itself open to the censure of broad daylight . . .

There is no security so great as in the sleep of the Woman who loves . . ."

*

2—

«. . . Solitude, ô cœur d'homme! Celle qui s'endort à mon épaule gauche sait-elle du songe tout l'abîme? Solitude et ténèbres au grand midi de l'homme . . . Mais source aussi secrète pour l'amante—ainsi la source sous la mer où bouge ce peu de sable et d'or . . .

Tu t'éloigneras, désir, que je connaisse aussi ce front de femme mis à nu. Douce la femme au flair de l'homme, et douce aux serres de l'esprit . . . O goût de l'âme très foraine, nous diras-tu la rive que tu suis, et s'il te faut, faveur, ce col flexible de femme jusqu'à nous?

Celle qui s'exhale dans mon souffle et siffle à mon visage ce sifflement très pur et très puéril, m'ouvre le sillage de sa grâce, et de sa lèvre très docile à son front de dêva, plus dévêtue que femme, livre sa face d'interdite comme l'envers des lunes satellites.

O de toutes faces douces à voir, la plus douce épiée . . . Au pur ovale de douceur où tant de grâce tient visage, quelle autre grâce, plus lointaine, nous dit de femme plus que femme? Et de Qui d'autre graciés, recevons-nous de femme cette faveur d'aimer?

Saveur de vierge dans l'amante, faveur d'amante dans la femme, et toi, parfum d'épouse à la naissance du front, ô femme prise à son arôme et femme prise à son essence, lèvres qui t'ont

2—

". . . Solitude, O heart of a man! Does She who falls asleep on my left shoulder know all the depth of the dream's abyss? Solitude and shadows at the high noon of man . . . But also secret spring for the Loved One: like the spring under the sea where stirs that mist of sand and gold . . .

You shall withdraw, desire, so I may know also the woman's brow bared to me. Sweet the woman to the man's nostrils, and sweet in the talons of the mind . . . O vagrant soul, returning guest, shall you tell us the shore that you follow, and if you need, favour, this flexible neck of a woman to make your way to us?

She who breathes in my breath and sighs at my face this very pure and childlike sigh, opens before me the wake of her grace, and from her so docile lip to her brow of a deva, more naked than woman, offers her unknown face like the other side of satellite moons.

O of all faces sweet to see, the sweetest watched over . . . In the pure oval of sweetness where so much grace keeps countenance, what other grace, more distant, tells us of woman more than Woman? And by Whose mercy do we receive of woman this favour of loving?

Savour of virgin in the lover, favour of lover in the woman, and you, perfume of spouse at the line of the brow, O woman taken in her aroma, woman taken in her essence,

*flairée ne fleurent point la mort . . . Incorruptible, ô grâce,
plus que n'est la rose captive dans la lampe.*

*Et par toi, l'or s'allume dans le fruit, et la chair immor-
telle nous dit son cœur de safran rose; et par toi, l'eau nocturne
garde présence et saveur d'âme, comme aux enveloppes blanches,
sans souillure, des grandes palmes pharaonnes, au lieu très-pur
et très-soyeux de leur arrachement.*

*

*. . . O toi qui vas, dans le sommeil, ta part mortelle répu-
diant,*

*Tu m'es promesse en Orient et qui sur mer sera tenue, tu
m'es l'étrangeté dans la voile et le vélin du songe, et tu oscilles
avec la vergue sur le grand arc du ciel couleur de rouget rose.
Ou mieux, tu es la voile même, son office, et de la voile, l'idée
pure—spéculation très chaste de l'esprit sur la surface vélique
et le plan de voilure . . .*

*Tu m'es l'approche matinale et m'es la nouveauté du jour,
tu m'es fraîcheur de mer et fraîcheur d'aube sous le lait du
Verseau, quand la première nuée rose se mire au miroir d'eau
des sables, et l'Étoile verte du matin, Princesse apanagée du
jour, descend, et les pieds nus, les gradins verts du ciel pour
aumôner l'enfance au front bouclé des eaux . . .*

Tu m'es la transparence d'aigue du réveil et la prémonition

lips that have known your scent bear no fragrance of death . . . More incorruptible, O grace, than is the rose captive in the lamp.

And due to you, gold lights up in the fruit, and the immortal flesh tells us its heart of rosy saffron; and due to you, the nocturnal water keeps presence and savour of soul, as in the white inner tissues, without stain, of the great pharaoh palms, at the very pure, very silk place of their detachment.

*

. . . O you who, in sleep, go repudiating your mortal part,

You are to me promise in the Orient that will be redeemed at sea, and you are to me the strangeness in the sail and the vellum of the dream, and you swing with the yard on the great arc of the sky colour of rosy red mullet. Or better, you are the sail itself, its office, and, of the sail, the pure idea— very chaste speculation of the spirit on the area of sail and the sail design . . .

You are to me the approach of morning and to me the newness of day, you are to me freshness of the sea and freshness of dawn beneath the milk of Aquarius, when the first rosy mist is reflected in the water mirror of the sands, and the green star of morning, titulary Princess of day, descends with bare feet the green terraces of the sky to give alms to childhood at the curled brow of waters . . .

You are to me the transparent waters of awakening and

du songe, tu es l'invisible même de la source au lieu de son émission, comme l'invisible même de la flamme, son essence, au lieu très pur et sans offense où le cœur frêle de la flamme est une bague de douceur . . .

Tu es mangeuse de pétales et chair d'amaryllis des grèves, tu as goûté le sel aux paumes de l'Amant et l'as nourri du riz de tes rizières. Tu es l'innocence du fruit sur la terre étrangère; l'épi cueilli chez le Barbare; le grain semé sur la côte déserte pour le voyage du retour . . .

O femme prise dans son cours, et qui s'écoule entre mes bras comme la nuit des sources, qui donc en moi descend le fleuve de ta faiblesse? M'es-tu le fleuve, m'es-tu la mer? ou bien le fleuve dans la mer? M'es-tu la mer elle-même voyageuse, où nul, le même, se mêlant, ne s'est jamais deux fois mêlé? . . .

Heureuse la courbe qui s'inscrit au pur délice de l'amante.

*

. . . Celle qui s'épanche à mon épaule gauche et remplit l'anse de mon bras, gerbe odorante et lâche, non liée (et très soyeuse fut l'histoire, à mon toucher, de ces tempes heureuses),

Celle qui repose sur sa hanche droite, la face close contre moi (et de grands vases ainsi voyagent, sur leur affût d'un bois très tendre et sur leur selle de feutre blanc),

154

premonition of the dream, you are the invisible itself in the spring, at the place of its emission, like the invisible itself in the flame, its essence, at the place very pure and safe, where the frail heart of the flame is a ring of sweetness . . .

You are an eater of petals and are flesh of the beach amaryllis, you have tasted salt in the palms of the Lover and have fed him the rice of your rice fields. You are the innocence of fruit in a strange land; the grain gathered on Barbarian soil; the seed sown on the deserted coast for the voyage of return . . .

O woman taken in her course, and who follow between my arms like the night through the springs, who then in me descends the flood of your weakness? Are you to me the river, are you to me the sea? or indeed the river in the sea? Are you to me the voyaging sea itself, which no one entering twice has ever twice found the same? . . .

Happy the curve inscribed in the pure delight of the woman who loves.

∗

. . . She who flows over my left shoulder and fills the haven of my arm, sheaf fragrant and free, not bound (and very silken to my touch was the story of those happy temples),

She who rests on her right hip, her closed face against me (and so tall vases voyage in their cradles of very tender wood and on their saddles of white felt),

155

*Celle qui s'anime dans le songe contre la montée des ombres
(et j'ai tendu le tendelet contre l'embrun de mer et la rosée nocturne, la voile est éventée vers le plus clair des eaux),*

*Celle-là, plus douce que douceur au cœur de l'homme sans
alliance, m'est charge, ô femme, plus légère que chargement
d'épices, d'aromates—semence très précieuse et fret incorruptible
au vaisseau de mes bras . . .*

✳

*Allez plus doucement, ô pas des heures sur mon toit, comme
pieds nus de femme sur le pont. Le ciel en mer donne son lait,
et c'est douceur encore d'une aube sous le lait du Verseau.*

*Je veille seul et j'ai souci: porteur de femme et du miel de la
femme, comme vaisseau porteur de blé d'Afrique ou du vin de
Bétique. Et c'est vigile encore en Est, l'heure poreuse à notre
attente.*

*Le taret de la mort est dans le bois du lit, est dans la quille
du navire. Mais l'amour frappe plus fort aux boiseries du
songe. Et moi j'entends se déchirer la nuit à l'avant d'une proue.*

*Comme la mer de juin respire dans les chambres—et l'a-
mante bat des cils sous le fléau du songe—voici la mer elle-
même en fleurs sous la première ondée du jour.*

*Je sais, j'ai vu: mêlée d'herbages et d'huiles saintes, entre
ses grandes mauves noires dilatées et ses affleurements d'abîme*

She who stirs in the dream against the rising of shadows (and I have raised the awning against the sea spray and the night dew, and the sail is set towards the clearest waters),

She, sweeter than sweetness in the heart of the man without alliance, to me is a load, O woman, lighter than a load of spices, of aromatics—very precious seed and incorruptible freight in the vessel of my arms . . .

*

Go more softly, O step on my roof, like a woman's bare feet on the deck. The sky at sea gives its milk, and it is again the sweetness of a dawn under the milk of Aquarius.

I watch alone and I am troubled: carrier of woman and of woman's honey, like a vessel carrier of African wheat or wine from Baetica. And it is still vigil in the East, the hour porous to our thought.

The teredo of death is in the wood of the bed, is in the keel of the boat. But love knocks more loudly on the panelling of dreams. And I hear the night torn on the cutwater of a prow.

As the June sea breathes in the chambers—and She who loves moves her lashes under the flail of dream—behold the sea itself in flower under the first shower of the day.

I know, I saw: mixed with grasses and holy oils, between its great black dilated mallows and its sparkling patches

étincelant, berçant, pressant la masse heureuse de ses frondes,

Et d'une seule houle très prospère, comme d'un seul pas de Vendangeuse, tôt foulée, toute la mer en vain foulée, et qui s'abaisse et qui s'élève, lactation très lente, au sein même de l'Être, sa constance . . .

La brise en Est est sur l'eau neuve, plissement de chair de nouveau-né. La lune basse sur les dunes poursuit au loin les loutres blanches de l'enfance. Et la nuit tient ses mains de femme dans nos mains . . .

Celle qui sommeille encore dans le jour, la nuit de mer est sur sa face, miroir d'une aube sans visage. Et moi je veille sur sa rive, rongé d'un astre de douceur . . . J'aurai pour celle qui n'entend

les mots qui d'homme ne sont mots.

*

. . . O Voyageuse jusqu'à moi hors de ta nuit de femme, et qui t'éveilles en mains profanes, comme fille d'immortelle prise aux aisselles hors de l'écume mère, qui m'es-tu d'autre dans le jour et tout ce noircissement de l'être, son écorce?

Tu naissais, j'épiais . . . Toi dormeuse allongée sous l'amas de tes bras et sous le bouclier des seins, tu souriais, gardée de mal, entre mes mains fiée, comme fille de haute naissance à

raised from the abyss, swaying, pressing the happy mass of its fronds,

And of a single luxuriant swell, as of a single stamping tread of women treaders of wine, soon trampled, all the sea trampled in vain, and which falls and rises, very slow lactation, at the very breast of Being, its constancy . . .

The wind in the East is on the new water, wrinkling of newborn flesh. The low-hung moon over the dunes pursues afar the white otters of childhood. The night keeps its woman's hands in our hands . . .

She who still sleeps in daylight, the sea's night is on her face, mirror of a faceless dawn. And I watch on her shore, gnawed by a star of sweetness . . . I shall have for her who does not hear

words that of man are not words.

*

. . . O Voyager coming to me from your woman's night, and who awakens in profane hands, like the daughter of an immortal raised by the shoulders out of the mother foam, who else are you for me in day, and all this darkening of the Being, under its bark?

You were being born, I was watching . . . You sleeping one lying under the burden of your arms and under the shield of your breasts, you smiled, guarded from evil, entrusted to my hands, like a daughter of high birth who is sent across the

qui l'on fait passer les mers—et voici, tu t'éveilles, le front marqué du pli sacré; et quel présage encore jusqu'à toi s'ouvre sa route de colchiques?

Repose, ô cœur troublé. Il n'est menace ni péril. Sur ta faiblesse j'ai fondé, et sur ta grâce, composé. La souveraineté d'aimer s'exerce enfin contre le doute et l'argutie. Et n'es-tu pas de celles à qui la voix de mer s'est fait entendre? «Que nulle ne mire sa crainte au miroir de mes eaux!»

Dehors, le ciel s'aère à ses branchies de sel. La nuit d'été croise ses voiles et rentre ses barques gréées d'ailes. La lune s'apaise dans le vin de mauves. Et la servante renversée sur ses nattes de jonc héberge à fond de golfe les grandes figurations célestes en voie d'immersion.

L'aurore est sur le pas des forges; au loin la ville et tout son peuple aux yeux cernés comme les morts. Les vaisseaux virent sur leur ancre. Les gardes ont relâché les chaînes d'avant-port. Et les lanternes de corne s'éteignent dans les bouges.

Le bon accueil te soit donné, ô première houle visiteuse, qui fais remuer les coques dans les darses, et les mâtures à fond de port comme flèches au carquois. Les morts de mort violente descendent les estuaires avec les jacinthes d'eau. L'enfance et ses chiens jaunes désertent les familles. Et la mer de Jason nourrit au loin ses plantes carnassières . . .

Amour, ô grâce recouvrée sous la censure du grand jour

sea—and now you awaken, forehead marked with a sacred frown; and what further presage opens up to you its route of mauve wild saffron?

Rest, O troubled heart. There is no threat nor peril. On your weakness have I founded, and on your grace, composed. The sovereignty of loving exerts itself at last against doubt and quibbling. And are you not of those to whom the sea voice has made itself heard? 'May no woman find her fear reflected in the mirror of my waters!'

Outside, the sky breathes through its salt-crystalled gills. The summer night takes in its sails and calls home its boats rigged with wings. The moon finds appeasement in the wine of mallows. And the servant lying back on her rush mat welcomes at the end of the gulf the great celestial figurations on the way to immersion.

Dawn is on the step of the forges; distant the town and all its people with dark-circled eyes like the dead. The vessels swing at anchor. The guards have released the chains of the outer harbour. And the horn lanterns go out in the taverns.

You will be well received, O first visiting swell that loves the hulls in the basins, and the masts, deep in the port, like arrows in a quiver. Those who have died a violent death go down the estuaries with the water hyacinths. Childhood and its yellow dogs desert the families. And far in the distance the sea of Jason feeds its carnivorous plants . . .

Love, O grace regained under the censure of full daylight

... Ne me dessaisis pas, clarté! de cette faveur, en tout, d'aimer, comme du souffle dans la voile ... Étroits sont les vaisseaux, étroite notre couche. Et d'avoir si longtemps, dans la nuit, ployé l'arceau de la tendresse, garderons-nous contre le jour cette inflexion du corps et de l'épaule qui tarde à se défaire,

comme il advient à ceux qui longtemps furent au creux des coques très fidèles? ...»

6

1—

«*... UN PEU avant l'aurore et les glaives du jour, quand la rosée de mer enduit les marbres et les bronzes, et l'aboiement lointain des camps fait s'émietter les roses à la ville, je t'ai vu, tu veillais, et j'ai feint le sommeil.*

Qui donc en toi toujours s'aliène, avec le jour? Et ta demeure, où donc est-elle? ... T'en iras-tu demain sans moi sur la mer étrangère? Qui donc ton hôte, loin de moi? Ou quel Pilote silencieux monte seul à ton bord, de ce côté de mer où l'on n'aborde?

Toi que j'ai vu grandir au-delà de ma hanche, comme guetteur penché sur le bord des falaises, tu ne sais point, tu n'as point vu, ta face d'aigle pérégrin. L'oiseau taillé dans ton visage percera-t-il le masque de l'amant?

162

. . . Do not rob me, light! of that favour of love in all things, as of the wind in the sail . . . Narrow are the vessels, narrow our couch. And from having so long, in the night, bent the arch of tenderness, shall we keep against the day that curve of body and of shoulder that is slow to come undone,

as happens to those who for a long time within the faithful curve of a narrow hull have lain? . . ."

6

1—

". . . A LITTLE before daybreak and the swords of day, when the sea-dew covers the marbles and the bronzes, and the distant barking from the camps shakes the petals from roses in the city, I saw you, you were lying awake, and I feigned sleep.

Who then in you always becomes estranged, with the daylight? And your abode, where is it? . . . Will you go tomorrow on the alien sea without me? Who then is your host, far from me? Or what silent Pilot mounts alone to your deck, from that seaward side whence no one boards?

You whom I have seen reaching far beyond my haunch, like a watcher bent on the brim of the cliffs, you do not know, you have not seen, your face of a peregrine eagle. Will the bird carved in your face, pierce the mask of the lover?

Qui donc es-tu, Maître nouveau? Vers quoi tendu, où je n'ai part? et sur quel bord de l'âme te dressant, comme prince barbare sur son amas de sellerie; ou comme cet autre, chez les femmes, flairant l'acidité des armes?

Comment aimer, d'amour de femme aimer, celui pour qui nul ne peut rien? Et d'amour que sait-il, qui ne sait qu'épier, au miracle du front, ce seul bonheur de femme qu'il suscite? . . .

Voici. Le vent se lève. Et l'étrille de l'athlète court déjà sur l'eau vive. La mer en armes toujours commande! . . . N'est-il si grand amour qui ne médite l'action?—amour, amour qui si grand n'est, qu'au temps de sa désertion . . .

Les aigles cette nuit n'étaient point aux armées. Tressaillement d'armes sous les sables et sous la pierre du seuil . . . Et toujours, à ta porte, la même vague hennissante, du même geste offrant, par ses deux branches haut tenues, le même spectre du haut mors!

De mer aussi, le savais-tu? nous vient parfois ce grand effroi de vivre. Et l'inquiétude alors est dans le sein de femme comme la vipère cornue des sables . . . Courlis du cœur, craintes d'amante, il n'est péril plus grand qu'au sommeil de l'Amante.

Celui qui, dans la nuit, franchit la dune de mon corps pour s'en aller, la tête nue, interroger sur les terrasses Mars rougeo-

Who then are you, new Master? Towards what reaching, where I have no part? and on what border of the soul raising yourself like some barbarian prince on his mass of saddlery; or like that other, among the women, scenting the acidity of weapons?

How can one love, love with a woman's love, him for whom no one can do anything? And of love what does he know, who can only watch, in the miracle of the forehead, this sole happiness of woman he is creating? . . .

Here is the truth. The wind rises. And the strigil of the athlete already curries the coursing waters. The Sea in arms always commands! . . . Is there no love so great that it does not yearn for action?—love, love, which is so great only at the time of its desertion . . .

The eagles this night were not with the armies. A quivering of arms beneath the sand and the stone of the doorsill . . . And always, at your door, the same neighing wave, with the same gesture offering, by its two shafts held high, the same spectre of the arrogant bit.

From the sea too, did you know? there comes to us at times this great terror of being alive. And anguish then is in the woman's breast like the horned viper of the sands. Curlews of the heart, fears of the Woman who loves, there is no peril greater than in the sleep of the Woman who loves.

He who, in the night, crosses the dune of my body and goes off, bare-headed, towards the terraces to question Mars

yant et fort ainsi qu'un feu de marche sur la mer, je dis qu'il n'a de femme l'usage ni le soin . . .

✳

. . . Solitude, ô cœur d'homme! la haute mer en toi portée nourrira-t-elle plus que songe? La nuit d'albâtre ouvrait ses urnes à la tristesse, et dans les chambres closes de ton cœur j'ai vu courir les lampes sans gardiennes.

Où es-tu? dit le songe. Et toi, tu n'as réponse: accoudé à ton mal comme un fils de Navarque, démuni de vaisseaux, qui a bâti en vue de mer sur la côte déserte—et son lit donne, toutes baies ouvertes, sur l'étendue des eaux.

Où es-tu? dit le songe. Et toi, tu vis au loin, tu vois cette ligne, au loin, qui bouge et crie démence: la mer au loin, d'âme inégale, comme une armée sans maître encombrée de devins . . . Et moi, que sais-je encore des routes jusqu'à toi?

Ne me sois pas un Maître dur par le silence et par l'absence. O face aimante, loin du seuil . . . Où combats-tu si loin que je n'y sois? pour quelle cause qui n'est mienne? Et tes armes quelles sont-elles, dont je n'ai point lavé la face?

J'ai crainte, et tu n'es là. L'épouse est seule et menacée, l'amante bafouée. Où sont tes émissaires, tes gardiens? L'épouse désertée sera-t-elle aussi trahie? . . . Qui tient le siège par la mer? L'intrigue est sur le front de mer. Tu as noué l'intelli-

166

ruddy and strong as a ship's running lights on the sea, I say
he has of woman neither the usage nor the care . . .

*

. . . Solitude, O heart of a man! will the high sea borne
in you feed more than dream? The alabaster night opened its
urns to sadness, and through closed chambers of your heart I
have seen lamps moving without their guardians.

Where you are? says the dream. And you have no answer:
bent over your pain like a navarch's son, deprived of vessels,
who has built in view of the sea on the deserted coast—and
his bed looks out, all bays opened, on the expanse of the
waters.

Where are you? says the dream. And you live far off, you
see far off that line which moves and cries madness: the sea,
far off, an uneven soul, like an army without a master
encumbered with soothsayers . . . And what do I still
know of the routes that lead to you?

Do not be to me a Master harsh in his silence and in his
absence. O loving face, far from the threshold . . . Where
do you fight so far away that I am not there? For what cause
that is not mine? And what are your arms whose face I have
not washed?

I am afraid, and you are not here. The wife is alone and
threatened, the Woman who loves is scorned. Where are your
emissaries, your guards? Will the deserted wife also be
betrayed? . . . Who holds the siege by the sea? The intrigue

167

gence. Et qui donc introduit l'Étrangère dans la place?—La Mer est là, qui ne se nomme. Et fait le tour de la maison. L'investissement touche à sa fin. La foule est dans les chambres. L'épouse n'est plus gardée de la promiscuité . . . Et ce n'est point, sur notre seuil, pas de nourrice ni d'aïeule, mais l'on a fait entrer la Magicienne—celle que l'on fait monter par les cuisines et le quartier des écaillères. Qu'elle s'ouvre les veines dans la chambre et ne s'approche de ton lit! Mer adultère et magicienne, qui t'ouvre là ses jupes vertes, et m'offre à boire ses boissons vertes. Et nous baignons, tous deux complices, dans ses yeux verts de Thessalienne—menace et honte pour l'Amante . . .

Dieux secourables, dieux terrestres! ne prendrez-vous contre la Mer le parti de l'Amante? . . . Et toi, cœur d'homme non cruel, veuille le Ciel aussi t'absoudre de ta force!

*

. . . Toi que j'ai vu dormir dans ma tiédeur de femme, comme un nomade roulé dans son étroite laine, qu'il te souvienne, ô mon amant, de toutes chambres ouvertes sur la mer où nous avons aimé.

Nos lits défaits, nos cœurs à nu, songe à tout ce battement d'orage et de mer haute qui fut notre sang même, en quête de l'aveu; à tous ces astres consumés que nous portions en mer avant le jour, marchant pieds nus entre les myrtes comme des meurtriers sacrés aux mains ensanglantées d'aèdes; à tant de

is on the sea-front. You have secret speech with the enemy.
And who, then, introduces the Stranger in the square?—
The Sea is there, which gives no name. And makes the round
of the house. The investment nears its end. The crowd is in
the chambers. The wife is no longer guarded from promiscuity . . . And these are not, on our doorsill, the steps of
aged nurse or grandmother, but the Sorceress has been
brought in. She who is let in through the kitchens and the
quarters of the women oyster-shellers. May she open her
veins in the chamber and not approach your bed! Sea
adulteress and sorceress, who opens her green skirts here for
you, and offers me her green potions to drink. And like two
accomplices we bathe in the green eyes of the Thessalian
woman—threat and shame for the Woman who loves.

Beneficent gods, terrestrial gods! Will you not take the
side of the Woman who loves against the sea? . . . And you,
heart of a man who is not cruel, may Heaven also absolve
you of your force!

*

. . . You whom I have seen asleep in my woman's
warmth, like a nomad rolled tightly in his woollen rug, may
you remember, O my lover, all those chambers open on the
sea where we have loved.

Our beds undone, our hearts laid bare, think of all that
beating of storms and of high seas which was our very blood,
in search of the avowal; of all those burnt-out stars that we
carried out to the sea before daylight, walking barefooted
among the myrtles like ritual murderers with the bloody

lunes exténuées que nous jetions, du haut des caps, au vol des mouettes stercoraires.

Aimer aussi est action! J'en atteste la mort, qui d'amour seul s'offense. Et nos fronts sont parés du sel rouge des vivants! Ami, ne t'en va point de ce côté des villes où les vieillards un jour vous tressent la paille des couronnes. Gloire ni puissance ne se fondent qu'à hauteur du cœur d'homme. Et l'amour au désert consume plus de pourpre que n'en revêt la chute des Empires.

Ne t'éloigne pas non plus de moi sur la mer incertaine. Il n'est de mer, ni d'heure, ni d'action, où ne puisse vivre femme, ta servante. Et la femme est dans l'homme, et dans l'homme est la mer, et l'amour loin de mort sur toute mer navigue. Mais nous, que savons-nous des forces qui nous joignent? . . . Entends battre mon aile dans ton aile, captive—appel à l'orfraie mâle de sa compagne non sevrée!

J'ai crainte, et j'ai eu froid. Sois avec moi contre la nuit du froid—comme au tertre des Rois, face à la mer, et pour le rite du solstice, l'astre rouge par le prêtre attaché à son montant de pierre noire, perforée . . . Tiens-moi plus fort contre le doute et le reflux de mort. Regarde-moi, Puissant! en cet endroit princier du front, entre les yeux, où du pinceau très vif se fixe le rouge vermillon du sacre.

Adjoint le dieu! Et foi jurée! . . . Ne t'éloigne point. Sois là! Que nul en toi ne songe ni s'aliène! Et celle qui veillait, sur son flanc droit, sa veille de mortelle, se lèvera encore auprès de

hands of sacred bards; of so many wasted moons that we threw from the top of the capes into flights of predatory gulls.

Loving also is action! I call death to witness, to whom alone love is an offence. And our foreheads are adorned with the red salt of the living! My love, do not go away towards the cities, where old men one day weave the straw of crowns. Neither glory nor power is well founded save at the height of man's heart. And love in the desert consumes more purple than was used to clothe the fall of Empires.

Neither go far from me on the uncertain sea. There is no sea, nor hour, nor action, where woman cannot live, your servant. And the woman is in the man, and in the man is the sea, and love sails far from death on all the seas. But what do we know of the forces that unite us? . . . Hear my wing beat, captive, in your wing—appeal to the male osprey from his unweaned companion!

I am afraid, and I was cold. Be with me against the night of the cold—as on the mound of the Kings, facing the sea, and for the rite of the solstice, the red star fastened by the priest to its post of black perforated stone . . . Hold me tighter against doubt and the ebb-tide of death. Look at me, Powerful One! at this princely part of the brow, between the eyes, where with a very vivid brush is affixed the vermilion red of the sacred sign.

Captured the god! And fealty sworn! . . . Do not withdraw. Be there! May no one in you dream or become a stranger! And she who, lying on her right side, kept vigil of a

l'homme pour ce grand rire d'immortels qui nous liait tous deux à la dissipation des eaux . . . Et ma prière alors aux dieux muets: qu'un même lé de mer, au même lé de songe, nous joigne un jour, de même mort!

Il n'est d'action plus grande, ni hautaine, qu'au vaisseau de l'amour.»

✻

2—

«. . . Armes rompues à fond d'aurore—ô splendeur! ô tristesse!—et mer au loin inéligible . . . Un homme a vu des vases d'or aux mains des pauvres. Et moi j'errais au même songe, longeant l'étroite rive humaine.

Ni traître, ni parjure. N'aie crainte. Vaisseau qui porte femme n'est point vaisseau qu'homme déserte. Et ma prière aux dieux de mer: gardez, ô dieux! croisée de femme, l'épée très chaste du cœur d'homme.

Amie, notre race est forte. Et la mer entre nous ne trace point frontière . . . Nous irons sur la mer aux très fortes senteurs, l'obole de cuivre entre les dents. L'amour est sur la mer, où sont les vignes les plus vertes; et les dieux courent au raisin vert, les taureaux aux yeux verts chargés des plus belles filles de la terre.

J'y laverai mon linge de nomade, et ce cœur d'homme trop peuplé. Et là les heures nous soient telles qu'on les veuille prier:

mortal, will again raise herself at man's side for that great laughter of the immortals which binds us both to the dissipation of the waters . . . And my prayer then to the mute gods: may one same width of sea, to one same width of dream, unite us, one day, in the same death!

There is no action greater, nor prouder, than in the vessel of love."

✳

2—

". . . Weapons broken in the heart of dawn—O splendour! O sadness!—and the sea afar ineligible . . . A man has seen vases of gold in the hands of the poor. And I wandered in the same dream, following the narrow human shore.

Neither traitor, nor perjurer. Have no fear. Vessel bearing woman is not vessel which man abandons. And my prayer to the gods of the sea: keep, O gods, the very chaste sword of a man's heart always crossed with woman.

My love, our race is strong. And the sea between us traces no frontier . . . We will go forth on the strong-smelling sea, the obol of copper between our teeth. Love is on the sea, where the vineyards are greenest; and the gods run to the green grapes, and bulls with green eyes bearing on their backs the most beautiful girls of the earth.

There I shall wash my nomad's linen, and this too populous heart of man. And there may the hours be such that

173

comme filles de grande maison quand elles s'embarquent sans servantes—libres manières et très haut ton, honneur et grâce et flèvre d'âme!

Amants, nous ne sommes point gens de labour ni valets de moisson. Pour nous la haute et libre vague que nul n'attelle ni n'oblige. Et pour nous, sur l'eau neuve, toute la nouveauté de vivre, et toute la grande fraîcheur d'être . . . O dieux, qui dans la nuit voyez nos faces à découvert, vous n'avez vu des faces peintes ni des masques!

*

Quand nous aurons levé nos lattes de bois mince, un siècle entier du drame aura tendu ses draps nouveaux. Quelqu'un enfin s'est fait entendre! Quel hennissement d'étalon blanc a fait courir, avec la brise, ce très grand frémissement d'amante sur la robe des eaux?

Nous descendrons aux baies mi-closes où l'on baigne au matin les jeunes bêtes échauffées, encore toutes gluantes du premier flux de sève vaginale. Et nagerons encore de pair, avant de lever l'ancre, sur ces hauts-fonds d'eau claire, carrelés d'azur et d'or, où vont nos ombres s'unissant au même lé de songe.

Le vent se lève. Hâte-toi. La voile bat au long du mât. L'honneur est dans les toiles; et l'impatience sur les eaux comme fièvre du sang. La brise mène au bleu du large ses couleuvres d'eau verte. Et le pilote lit sa route entre les grandes taches de nuit mauve, couleur de cerne et d'ecchymose.

we would beg them to voyage with us: like daughters of great houses when they embark without servants—ease of manners and very high tone, honour and grace and fever of.the soul!

Lovers, we are not men of the plough nor harvest hands. For us the high free wave that no one harnesses or compels. And for us, on the new water, all the novelty of living, and all the great freshness of being . . . O gods, who in the night see our faces uncovered, you have not seen painted faces or masks!

*

When we will have raised our laths of thin wood, an entire century of the drama will have spread its new hangings. Someone at last has made himself heard! What whinnying of a white stallion has caused this tremor of a loving woman to course, with the breeze, over the robe of the waters?

We shall go down to the half-closed bays where in the morning they wash the young animals in heat, still all sticky from the first flow of vaginal sap. And we shall swim again abreast, before raising anchor, on those shoals of clear water, chequered with azure and gold, where our shadows come together in the same breadth of dream.

The wind is rising. Hasten. The sail flaps along the mast. Honour is in the canvas; and impatience on the waters like fever in the blood. The breeze leads to the blue of the open sea its snakes of green water. And the pilot reads his course between the great patches of mauve night, colour of eye shadows and bruises.

. . . *Amies, j'ai tant rêvé de mer sur tous nos lits d'amants!*
et si longtemps l'Intruse a sur nos seuils traîné sa robe d'étran-
gère, comme bas de jupe sous les portes . . . Ah! qu'une seule
vague par le monde, qu'une même vague, ô toutes, vous rassem-
ble, compagnes et filles de tout rang, vivantes et mortes de tout
sang!

*

. . . *Et la mer, de partout, nous vient à hauteur d'homme,*
pressant, haussant l'essaim serré des jeunes vagues, comme mille
têtes d'épousées . . . Roses, dit la légende, roses qui preniez feu
aux mains du Ravisseur, m'envierez-vous Celle qui passe avec
moi la porte de chaux vive, sur l'escalier du port?

Du meilleur de nos grains, du meilleur de nos fruits fut cette
chair, ô femme, façonnée. Les sels noirs de la terre poudrent en-
core ses cils liés. Alcoolats de lavande, eaux de cédrat au zeste
nous diront mieux sur mer son âme de sel vert. Et l'amour sur le
pont chausse sandales de cuir rouge . . . «Ayah, chèvre du
bord, vous donnera son lait . . . Le singe a emporté vos perles
dans la mâture . . .»

—*Mortelle? Ah! plus aimée d'être en péril! . . . Tu ne sais*
pas, tu ne sais pas, ô Parque, pour le cœur d'homme très secret,
ce prix d'une première ride de femme au plus insigne du front
calme. «Gardez, disait l'homme du conte, gardez, ô Nymphe
non mortelle, votre offre d'immortalité. Votre île n'est pas
mienne où l'arbre ne s'effeuille; ni votre couche ne m'émeut, où
l'homme n'affronte son destin.»

176

. . . Loved ones, I have dreamed so much of the sea on all our lovers' beds! and for so long a time the Intruder has, on our sills, trailed her robe of a Stranger, like the hem of a skirt under the doors . . . Ah! may one single wave throughout the world, the same wave, gather you all, companions and girls of all ranks, living and dead of every blood!

✳

. . . And the sea comes to us from all sides, at the height of a man, pushing, raising the serried swarm of young waves, like a thousand brides' heads . . . Roses, says the legend, roses that caught fire in the hands of the Ravisher, will you envy me Her who passes with me through the door of quicklime, on the stairs of the port?

Of the best of our grain, of the best of our fruit, this flesh, O woman, was made. The black salts of the earth still powder her sealed lashes. Spirits of lavender, waters of citron rind will reveal more, on the sea, of her soul of green salt. And love on the deck dons sandals of red leather . . . 'Ayah, the ship's goat, will give you her milk . . . The monkey has carried your pearls into the rigging . . .'

—Mortal? Ah! more greatly loved for being in peril! . . . You do not know, you do not know, O Fates, for the most secret heart of a man, the great price of that first line on the noblest part of a woman's calm brow. 'Keep,' said the man in the tale, 'keep, O non-mortal Nymph, your offer of immortality. Your island is not mine where the tree sheds no leaves; neither does your couch move me, where man does not face his destiny.'

177

Plutôt la couche des humains, honorée de la mort! . . .
*J'épuiserai la route du mortel—fortune de mer et malencontres
—et garderai de male épine Celle qui s'abrite sous ma voile.
Mains périssables, mains sacrées! vous renouez pour moi la
dignité de vaincre. Aimant, je vais où va la mort aventureuse et
vaine. O libre rire des Amants, et l'arrogance du haut vivre,
comme sur la mer insaisissable et brève, ce grand frémissement
d'honneur où court la voile sous ses ris!* . . .

*

. . . *Beau temps en mer, deux rides pures au front très pur;
et grand bienfait d'amante sur les eaux. Celle dont le cœur
nourrit l'innocence du jour, et porte à l'indigence son bol de
douceur; celle qui porte son amour comme l'oubli des lampes en
plein jour; celle qui a dit en moi le vrai, et qui me rachètera des
mains du Barbaresque, celle-là, plus forte que douceur, m'a dit
de femme plus que femme. Et la mer entre nous tient haute caste
de vivants.*

*Étroits sont les vaisseaux, étroite notre couche. Et par toi,
cœur aimant, toute l'étroitesse d'aimer, et par toi, cœur inquiet,
tout l'au-delà d'aimer. Entends siffler plus haut que mer la
horde d'ailes migratrices. Et toi force nouvelle, passion plus
haute que d'aimer, quelle autre mer nous ouvres-tu où les vaisseaux n'ont point d'usage? (Ainsi j'ai vu un jour, entre les îles,
l'ardente migration d'abeilles, et qui croisait la route du navire,
attacher un instant à la haute mâture l'essaim farouche d'une
âme très nombreuse, en quête de son lieu* . . .)

Rather the couch of humans, honoured by death! . . . I will exhaust the road of mortal man—perils of the sea and misfortunes—and will guard from the evil thorn Her who takes shelter under my sail. Perishable hands, sacred hands! you renew for me the dignity of conquering. Loving, I go where death goes, adventurous and vain. O free laughter of the Lovers, and the arrogance of ardent living, as on the sea, unseizable and brief, that great tremor of honour where skims the sail under its reefs! . . .

$*$

. . . Fine weather at sea, two pure lines on the very pure brow; and great blessing of the loving Woman over the waters. She whose heart feeds the innocence of the day, and brings to the indigent her bowl of sweetness; she who carries her love like lamps forgotten in full daylight; she who has spoken the truth in me, and who will ransom me from men of Barbary, that one, stronger than sweetness, has said to me more of woman than of woman is known. And the sea holds in us high caste of living beings.

Narrow are the vessels, narrow our couch. And through you, loving heart, all the closeness of loving, and through you, unquiet heart, all that which is beyond loving. Listen to the whistling, louder than the sea, of the horde of migrating wings. And you, new force, passion higher than loving, what other sea do you open before us, where vessels are of no use? (Thus I saw one day, between the islands, the fervent migration of bees, crossing the course of the ship, fasten for one instant in the high rigging the fierce swarm of a very numerous soul in search of its habitation . . .)

179

Amants terribles et secrets, ô silencieux Amants, ô vous que nul sommeil ne souille, la Mer vous ait en sa puissance! . . . Le monde court à ses renouvellements d'assises—déchirement de sages à la proue, semence d'éclairs sur toutes crêtes, et tout l'échevèlement joyeux du drame non faillible. Pour nous la mer invétérée du songe, dit réel, et ses grandes voies d'empire portant au loin l'alliance, et ses grandes lois d'irrévérence portant au loin révélation; pour nous, ô face très prodigue, l'immense ruche du futur, plus riche d'alvéoles que les falaises trouées d'idoles du Désert. Et notre attente n'est plus vaine, et l'offrande est de femme! . . .

Amants! Amants! où sont nos pairs? Nous avançons, face à la nuit, avec un astre sur l'épaule comme l'épervier des Rois! Derrière nous tout ce sillage qui s'accroît et qui s'allaite encore à notre poupe, mémoire en fuite et voie sacrée. Et nous tournant encore vers la terre rétrograde et vers son peuple de balustres, nous lui crions, ô terre, notre peu de foi dans sa coutume et dans son aise; et qu'il n'est point pour nous sur mer poudre ni cendre aux mains de l'usager.

De nul office n'avons-nous charge, n'étant de nul accrédités— ni princes ni légats d'Empire, à bout de péninsules, pour assister en mer l'Astre royal à son coucher; mais seuls et libres, sans caution ni gages, et n'ayant part au témoignage . . . Une trirème d'or navigue, chaque soir, vers cette fosse de splendeur où l'on verse à l'oubli tout le bris de l'histoire et la vaisselle peinte des âges morts. Les dieux vont nus à leur ouvrage. La mer aux torches innombrables lève pour nous splendeur nouvelle, comme de l'écaille de poisson noir.

180

Terrible and secret Lovers, O silent Lovers, O you whom no sleep defiles, may the Sea have you in its power! . . . The world runs on to its renewing of foundations—sages torn under the prow, seed of lightning on every crest, and all the joyous disorder of the non-fallible drama. For us the inveterate sea of the dream, called real, and its great imperial highways bearing afar the alliance, and its great laws of irreverence bearing afar revelation; for us, O very prodigal face, the immense hive of the future, richer in cells than the Desert's cliffs studded with idols. And our waiting is no longer vain, and the offering is woman! . . .

Lovers! Lovers! where are our peers? We go forward, facing the night, with a star on our shoulder like the gerfalcon of the Kings! Behind us all this wake which grows and still draws milk at our poop, memory in flight and sacred way. And turning again towards the receding land and towards its multitude of balusters, we cry to it, O land, our lack of faith in its custom and in its ease; and of the sea we say that it leaves no powder nor ashes in the hands of the user.

With no office are we charged, being accredited by no one —neither princes nor legates of Empire, at the point of peninsulas, to attend the Royal Star in its setting at sea; but alone and free, without bail or bond, and having no part in the testimony . . . A golden trireme rows, each evening, towards that chasm of splendour where all the wreckage of history and the painted pottery of dead ages are thrown to oblivion. The gods go naked to their works. The sea of unnumbered torches raises for us a new splendour, like the scales of a black fish.

Amants! Amants! Qui sait nos routes? . . . A la Ville ils diront: «Qu'on les cherche! Ils s'égarent! Et leur absence nous est tort.» Mais nous: «Où donc l'abus? Les dieux s'aveuglent sur l'eau noire. Heureux les égarés sur mer! Et de la Mer aussi qu'on dise: heureuse l'égarée! . . . Une même vague par le monde, une même vague parmi nous, haussant, roulant l'hydre amoureuse de sa force . . . Et du talon divin, cette pulsation très forte, et qui tout gagne . . . Amour et mer de même lit, amour et mer au même lit . . .

Hommage, hommage à la véracité divine! Et longue mémoire sur la mer au peuple en armes des Amants!»

7

L'HIVER *venu, la mer en chasse, la nuit remonte les estuaires, et les voiliers d'offrande se bercent aux voûtes des sanctuaires. Les cavaliers en Est sont apparus sur leurs chevaux couleur de poil de loup. Les tombereaux chargés d'herbes amères s'élèvent dans les terres. Et les vaisseaux à sec sont visités de petites loutres de rivage. Les étrangers venus de mer seront soumis au cens.*

Amie, j'ai vu vos yeux barrés de mer, comme sont les yeux de l'Égyptienne. Et les barques de plaisance sont tirées sous les porches, par les allées bordées de conques, de buccins; et les

Lovers! Lovers! Who knows our course? . . . In the City they will say: 'Let search be made for them! They go astray! And their absence wrongs us.' But we: "Where then is the abuse? The gods go blinded on the black water. Happy those who stray at sea! And of the Sea also may it be said: happy she who has strayed! . . . One same wave throughout the world, one same wave among us, raising, rolling the hydra enamoured of its force . . . And from the divine heel, that very strong pulsation, which rules everywhere . . . Love and sea of the same bed, love and sea in the same bed . . .

Homage, homage to the divine veracity! And long memory on the sea for a nation of Lovers in arms!"

7

COMES winter, the sea hunting, night ascends the estuaries, the votive ships sway in the arches of the sanctuaries. Horsemen in the East have appeared, their horses colour of wolf's hair. Carts loaded with bitter kelp mount slowly to the fields. And the grounded vessels are visited by small sea otters. The strangers come from the sea will be subjected to census.

My love, I have seen the sea barring your eyes like the eyes of the Egyptian woman. And the pleasure barks are pulled under the porches, by the alleys bordered with

terrasses disjointes sont envahies d'un peuplement tardif de petits lis des sables. L'orage noue ses robes noires et le ciel chasse sur ses ancres. Les hautes demeures sur les caps sont étayées de madriers. On rentre les cages d'oiseaux nains.

*

L'hiver venu, la mer au loin, la terre nous montre ses ro-tules. On fait brûler la poix et le goudron dans les bassines de fonte. Il est temps, ô Cités, d'armorier d'une nef les portes de Cybèle. Et c'est aussi le temps venu de célébrer le fer sur l'en-clume bigorne. La mer est dans le ciel des hommes et dans la migration des toits. Les cordiers marchent à reculons dans les fossés du port, et les pilotes sans vaisseaux s'accoudent aux tables des tavernes, les géographes s'enquièrent des routes litto-rales. Le Magistrat des étrangers vous dira-t-il le gîte des Amants?

O songe encore, dis le vrai. Les livraisons de bois d'épave passent les portes de la ville. Les Maîtres de maison se four-nissent en sel. Les filles de grande maison changent de linge devant l'âtre, et la flamme jaune bat de l'aile comme un rapace de mer dans une cage de fer. On brûle en chambre, sur des pelles, les feuilles d'écorce cannelée. Et le trafic de mer déverse son numéraire aux cours des banques de famille, les bêtes d'attelage flairent le bronze des fontaines—tintement d'alliages dans les chambres, abaques et bouliers derrière les portes grillagées—et voici d'une devise en forme encore de nacelle, ou de chaussure de femme . . . Au témoignage des monnaies s'éclairent l'his-toire et la chronique.

conchs, with whelks; and the damaged terraces are invaded by a late-blooming mass of small sand lilies. The storm gathers its black robes and the sky drags its anchors. The high dwellings on the headlands are stayed up with beams. The cages of dwarf birds are brought indoors.

*

Comes winter, the sea straying, earth shows its knee bones. Pitch and tar are burned in the iron basins. It is time, O Cities, to adorn the gates of Cybele with the figure of the ship. And the time has also come to honour the iron on the two-horned anvil. The sea is in the sky of men and in the migration of roofs. Ropemakers walk backward in the harbour moats, and pilots without ships rest on their elbows in the taverns, geographers inquire about the coastal routes. Will the Magistrates in charge of foreigners tell you the hiding place of the Lovers?

Once again, O dream, speak the truth. Deliveries of driftwood pass the gates of the city. The Masters of the houses lay in supplies of salt. The daughters of great houses change their linen before the hearth, and the yellow flame beats its wings like a sea bird of prey in an iron cage. In the chambers they burn, on shovels, the hollow shreds of a dried bark. And the sea traffic pours its specie in the courtyards of family banks, the yoked beasts sniff the bronze of fountains —jingling of alloys in the chambers, abaci and counting boards behind the latticed doors—and here is a foreign currency in the shape again of a small boat, or of a woman's shoe . . . By the testimony of coins history and chronicles are clarified.

*

L'hiver venu, les mouches mortes, on tire des coffres de théâtre les grandes étoffes vertes à motifs rouges. Les habilleuses des morts se louent dans les théâtres avec les figurantes. Et la mer aux senteurs de latrines habite encore l'angle des vieux murs. La foule marche, mêlée d'os, dans la rumeur encore des conques de Septembre . . . Amie, quelle autre mer en nous s'immerge et clôt sa rose d'ellébore? Les taches jaunes de l'été s'effaceront-elles au front des femmes? Voici venir le fond des choses: tambours d'aveugles aux ruelles et poudre aux murs longés du pauvre. La foule est vaine, et l'heure vaine, où vont les hommes sans vaisseaux.

O songe encore, dis le vrai. L'hiver venu, les astres forts, la Ville brille de tous ses feux. La nuit est la passion des hommes. On parle fort au fond des cours. L'aspic des lampes est dans les chambres, la torche avide dans son anneau de fer. Et les femmes sont peintes pour la nuit au rouge pâle de corail. Ivres leurs yeux barrés de mer. Et celles qui s'ouvrent, dans les chambres, entre leurs genoux d'or, élèvent à la nuit une plainte très douce, mémoire et mer du long été.—Aux portes closes des Amants clouez l'image du Navire!

*

. . . Une même vague par le monde, une même vague par la Ville . . . Amants, la mer nous suit! La mort n'est point! Les dieux nous hèlent à l'escale . . . Et nous tirons de sous nos lits nos plus grands masques de famille.

186

*

Comes winter, the flies dead, great green fabrics with red designs are lifted from theatre trunks. Women who dress the dead are among the *figurantes* engaged in theatres. And the sea smelling of latrines, still inhabits the angle of old walls. The crowd marches, mixed with bone, in the clamour again of the conchs of September . . . My love, what other sea in us is immersed and closes its hellebore rose? Will the yellow stains of summer be erased from the women's brows? Here the depth of things rises to the light: drums of the blind in the alleys and powder on the walls skirted by the poor man. The crowd is vain, and the hour vain, where go the men without vessels.

O dream again, speak the truth. Comes winter, the stars are strong, the City shines with all its fires. Night is the passion of men. Voices are raised in the depths of the courtyards. The asp of the lamps is in the chambers, the torch avid in its ring of iron. And the women are painted for the night with the pale red of coral. Bemused their eyes, barred by the sea. And those of them who open themselves, in the chambers, between their golden knees, raise to the night a very soft plaint, memory and sea of the long summer—On the closed doors of the Lovers nail the image of the Ship!

*

. . . One same wave throughout the world, one same wave throughout the City . . . Lovers, the sea follows us! Death is not. The gods hail us in the port. And from under our beds we pull our largest family masks.

187

CHŒUR / CHORUS

MER DE BAAL,
MER DE MAMMON . . .

1

«M<small>ER</small> de Baal, Mer de Mammon—Mer de tout âge et de tout nom,
   O Mer sans âge ni raison, ô Mer sans hâte ni saison,

   Mer de Baal et de Dagon—face première de nos songes,
   O Mer promesse de toujours et Celle qui passe toute promesse,

   Mer antérieure à notre chant—Mer ignorance du futur,
   O Mer mémoire du plus long jour et comme douée d'insanité,

   Très haut regard porté sur l'étendue des choses et sur le cours de l'Être, sa mesure! . . .

                              *

   Nous t'invoquons, Sagesse! et t'impliquons dans nos serments,

SEA OF BAAL,
SEA OF MAMMON . . .

1

"Sᴇᴀ of Baal, Sea of Mammon—Sea of every age and every name,

O Sea without age or reason, O Sea without haste or season,

Sea of Baal and of Dagon—first face of our dreams,

O Sea promise of for ever and the One who exceeds every promise,

Sea anterior to our song—Sea ignorance of the future,

O Sea memory of the longest day, as though endowed with madness,

Lofty vision directed over the expanse of things and over the course of Being, its measure! . . .

*

We invoke you, Wisdom, and involve you in our oaths,

*O grande dans l'écart et dans la dissemblance, ô grande de
grande caste et haute de haut rang,*

*A toi-même ta race, ta contrée et ta loi; à toi-même ton
peuple, ton élite et ta masse,*

*Mer sans régence ni tutelle, Mer sans arbitre ni conseil, et
sans querelle d'investiture:*

*Investie de naissance, imbue de ta prérogative; établie dans
tes titres et tes droits régaliens,*

*Et dans tes robes impériales t'assurant, pour discourir au
loin de la grandeur et dispenser au loin*

*Tes grandes façons d'être, comme faveurs d'empire et grâces
domaniales.*

*

*Dormions-nous, et toi-même, Présence, quand fut rêvée pour
nous pareille déraison?*

*Nous t'approchons, Table des Grands, le cœur étreint d'une
étroitesse humaine.*

*Faut-il crier? faut-il créer?—Qui donc nous crée en cet ins-
tant? Et contre la mort elle-même n'est-il que de créer?*

*Nous t'élisons, Site des Grands, ô singulier Parage! Cirque
d'honneur et de croissance et champ d'acclamation!*

*Et qu'est-ce encore, nous te prions, que cette alliance sans
retour et cette audience sans recours?*

*Plutôt brûler à ton pourtour de mer cent Rois lépreux cou-
ronnés d'or,*

*Massif d'honneur et d'indigence et fierté d'hommes sans
appel.*

192

O great in separation and difference, O great of great caste and high of high rank,

To yourself your race, your country, and your law; to yourself your people, your *élite*, and your masses,

Sea without regency or guardianship, Sea without arbiter or council, and without quarrel of investiture:

Invested from birth, imbued with your prerogative; established in your titles and your regalian rights,

And seated at ease in your imperial robes, to hold discourse, far and wide, on the ways of greatness, and to dispense, far and wide,

Your great rules of being, as favours of empire and domanial graces.

*

Were we sleeping, and yourself, Presence, when was dreamed for us such unreason?

We approach you, Table of the Great, our hearts wrung with human narrowness.

Must we cry out? must we create?—Who creates us in that instant? And against death itself is there nothing else but creating?

We select you, Site of the Great, O singular vicinity! Circus of honour and growth, field of acclamation!

And what now, we beg you, is this alliance without return and this audience without recourse?

Better to burn, on the shores round you, a hundred leprous Kings with gold crowns,

Mass of honour and indigence and pride of men without appeal.

193

*

Libre cours à ta gloire, Puissance! ô Préalable et Suzeraine!
. . . *Immense est le district, plénière la juridiction;*
Et c'est assez pour nous, dans ton ressort, de mendier l'usage
et la franchise,
O Mer sans gardes ni clôtures, ô Mer sans vignes ni cultures,
où s'étend l'ombre cramoisie des Grands!
Assis à tes confins de pierre comme des chiens à tête de
singes, dieux métissés d'argile et de tristesse,
Sur toutes pentes ravinées, sur toutes pentes calcinées couleur
de fèces torréfiées,
Nous te rêvions, Session dernière! et nous avions pour toi ce
rêve d'une plus haute instance:
L'assemblée, à longs plis, des plus hautes cimes de la terre,
comme une amphictyonie sacrée des plus grands Sages institués
—toute la terre, en silence, et dans ses robes collégiales, qui
prend séance et siège à l'hémicycle de pierre blanche . . .»

2

*A*vec *ceux-là qui, s'en allant, laissent aux sables leurs*
sandales, avec ceux-là qui, se taisant, s'ouvrent les voies du
songe sans retour,
Nous nous portons un jour vers toi dans nos habits de fête,
Mer innocence du Solstice, Mer insouciance de l'accueil, et nous
ne savons plus bientôt où s'arrêtent nos pas . . .

*

Free rein to your glory, Power! O Pre-established and Suzerain! . . . Immense is the district, plenary the jurisdiction;

And it is enough for us, within your province, to beg for usage and franchise,

O Sea without guards or enclosures, O Sea without vines or crops, over which falls the crimson shadow of the Great!

Seated on your stone confines like dogs with monkey heads, gods crossed with clay and sadness,

On all the gullied slopes, on all the sun-scorched slopes the colour of faeces burnt white,

We dreamt of you, ultimate Session! and for you we had this dream of a higher instance:

The assembly, in long folds, of the highest summits of the earth, like a sacred amphictyony of the greatest Sages established—the whole earth, in silence, and in its ceremonial robes, which takes its seats and holds session in the hemicycle of white stone . . ."

2

WITH those who, departing, leave their sandals on the sand, with those who, silent, open their way to a dream from which there is no return,

We proceed one day towards you, in our festival clothes, Sea innocence of the Solstice, Sea unconcern of the welcome, and soon we no longer know where our steps will cease . . .

Ou bien est-ce toi, fumée du seuil, qui de toi-même montes en nous comme l'esprit sacré du vin dans les vaisseaux de bois violet, au temps des astres rougeoyants?

Nous t'assiégeons, Splendeur! Et te parasiterons, ruche des dieux, ô mille et mille chambres de l'écume où se consume le délit.—Sois avec nous, rire de Cumes et dernier cri de l'Éphé-sien!...

Ainsi le Conquérant, sous sa plume de guerre, aux dernières portes du Sanctuaire: «J'habiterai les chambres interdites et je m'y promènerai...» Bitume des morts, vous n'êtes point l'en-grais de ces lieux-là!

Et toi, tu nous assisteras contre la nuit des hommes, lave splendide à notre seuil, ô Mer ouverte au triple drame: Mer de la transe et du délit; Mer de la fête et de l'éclat; et Mer aussi de l'action!

∗

Mer de la transe et du délit—voici:

Nous franchissons enfin le vert royal du Seuil; et faisant plus que te rêver, nous te foulons, fable divine!... Aux clai-rières sous-marines se répand l'astre sans visage; l'âme plus que l'esprit s'y meut avec célérité. Et tu nous es grâce d'ailleurs. En toi, mouvante, nous mouvant, nous épuisons l'offense et le délit, ô Mer de l'ineffable accueil et Mer totale du délice!

Nous n'avons point mordu au citron vert d'Afrique, ni nous n'avons hanté l'ambre fossile et clair enchâssé d'ailes d'éphé-mères; mais là vivons, et dévêtus, où la chair même n'est plus chair et le feu même n'est plus flamme—à même la sève rayon-

Or is it you, smoke of the threshold, who of yourself rise in us as the sacred spirit of the wine in the vessels of violet wood, at the season of the reddening stars?

We besiege you, Splendour! and we shall be your parasites, hive of the gods, O thousand, thousand chambers of the foam where our crime is committed.—Be with us, laughter of Cumes and last cry of the Ephesian! . . .

Thus the Conqueror, under his war plume, at the last gates of the Sanctuary: "I will live in the forbidden rooms and will stroll in them . . ." Bitumen of the dead, you are not the nourishment for such places!

And you will be with us against the night of men, glorious lava on our threshold, O Sea opened to the triple drama: Sea of the trance and the transgression; Sea of the feast and the radiance; and Sea also of action!

*

Sea of the trance and the transgression—behold:

We cross at last the royal green of the threshold; and doing more than dream of you, we walk in you, divine fable! . . . In the clearings under the sea radiates the faceless star; the soul more than the mind moves swiftly there. And you are grace to us from far away. In you moving, we move, rejoicing in the offence and the transgression, O Sea of the ineffable welcome and total Sea of delight!

We have not bitten into the green lemon of Africa, and we have not frequented the clear fossil amber and its captive wings of day-flies; but there we live, and unclothed, where the flesh itself is no longer flesh and the fire itself is no longer

*nante et la semence très précieuse: dans tout ce limbe d'aube
verte, comme une seule et vaste feuille infusée d'aube et lumineuse . . .*

*Unité retrouvée, présence recouvrée! O Mer instance lumi-
neuse et chair de grande lunaison. C'est la clarté pour nous
faite substance, et le plus clair de l'Être mis à jour, comme au
glissement du glaive hors de sa gaine de soie rouge: l'Être surpris dans son essence, et le dieu même consommé dans ses
espèces les plus saintes, au fond des palmeraies sacrées . . .
Visitation du Prince aux relais de sa gloire! Que l'Hôte enfin
s'attable avec ses commensaux! . . .*

*Et l'alliance est consommée, la collusion parfaite. Et nous
voici parmi le peuple de ta gloire comme l'écharde au cœur de la
vision. Faut-il crier? faut-il louer? Qui donc nous perd en cet
instant—ou qui nous gagne? . . . Aveugles, nous louons. Et te
prions, Mort visitée des Grâces immortelles. Veuillent nos
phrases, dans le chant, par le mouvement des lèvres graciées,
signifier plus, ô dieux! qu'il n'est permis au songe de mimer.*

*Il est, il est, en lieu d'écumes et d'eaux vertes, comme aux
clairières en feu de la Mathématique, des vérités plus ombra-
geuses à notre approche que l'encolure des bêtes fabuleuses. Et
soudain là nous perdons pied. Est-ce toi, mémoire, et Mer encore à ton image? Tu vas encore et tu te nommes, et mer encore
nous te nommons, qui n'avons plus de nom . . . Et nous pour-
rions encore te rêver, mais pour si peu de temps encore, te
nommer . . .*

flame—in the radiant sap and the very precious seed: in all this green of green dawn, like a single vast leaf infused with dawn and luminous . . .

Unity regained! presence recovered! O Sea, shining instance and flesh of great lunations. It is light made substance for us, and the clearest part of Being brought to light, as in the sliding of the sword out of its sheath of green silk: Being, surprised in its essence, and the god himself, consumed in his holiest species, in the depths of the sacred palm groves. Visitation of the Prince to the stations of his glory! May the Host at last be seated with the guests! . . .

And the alliance is consummated, the collusion perfect. And behold us amidst the people of your glory as the splinter is in the heart of the vision. Should we cry out? should we sing praises? Who then loses us in this instant—or who wins us? . . . Blind, we sing praises. And pray to you, Death visited by the immortal Graces. May our phrases, in the song, graced by the movement of the lips, signify more, O gods, than is permitted the dream to feign.

There are, there are, in a place of foam and green water, as in the clearings aflame of Mathematics, truths more restive at our approach than the necks of fabled beasts. And suddenly there we lose footing. Is it you, memory, and Sea still in your image? You go again and give your name, and sea still we name you, who have a name no longer . . . And we might still dream you, but for so short a time still, name you . . .

*

Mer de la fête et de l'éclat—voici:

Dieu l'Indivis gouverne ses provinces. Et la Mer entre en liesse aux champs de braise de l'amour ... Mangeuse de mauves, de merveilles, ô Mer mangeuse de pavots d'or dans les prairies illuminées d'un éternel Orient! Lessiveuse d'ors aux sables diligents, et Sibylle diluée dans les argiles blanches de la baie! ... C'est toi, tu vas et tu t'honores, ô laveuse de tombeaux à toutes pointes de la terre, ô leveuse de flambeaux à toutes portes de l'arène!

Les vieux mâcheurs de cendres et d'écorces se lèvent, les dents noires, pour te saluer avant le jour. Et nous qui sommes là, nous avons vu, entre les palmes, l'aube enrichie des œuvres de ta nuit. Et toi-même, au matin, toute laquée de noir, comme la vierge prohibée en qui s'accroît le dieu. Mais à midi, courroucée d'ors! comme la monture caparaçonnée du dieu, que nul ne monte ni n'attelle—la lourde bête cadencée sous ses housses royales, enchâssée de pierreries et surhaussée d'argent, qui berce aux feux du jour son haut-relief d'images saisissantes et ses grandes plaques agencées d'orfèvrerie sacrée;

Ou bien bâtée de tours de guet, et sous ses grandes amulettes de guerre agrafées de vieux cuivre, la rude bête arquée entre ses boucliers d'honneur, qui porte à ses crocs d'attelage, comme un amas d'entrailles et d'algues, la riche charge de mailles, de maillons et d'émerillons de bronze de sa cotte d'armure, et ses

*

Sea of the feast and the radiance—behold:

God the Undivided governs his provinces. And the Sea rejoicing enters the ember fields of love . . . Eater of mallows, of marvels, O Sea eater of golden poppies in prairies glorious with an eternal Orient! Washer of gold in the diligent sands, and Sibyl diluted in the white clays of the gulf! . . . It is you, as you move ahead and bring honour to yourself, O washer of tombs at all points of the earth, O bearer of torches at all gates of the arena!

The old chewers of ashes and barks rise up, their teeth blackened, to greet you before the day. And we who are there, have seen, between the palms, the dawn enriched by the work of your night. And you, yourself, in the morning, lacquered with black, like the forbidden virgin in whom grows the god. But at noon, a raging flame of gold, like the caparisoned mount of the god, whom no one mounts nor harnesses—the heavy, cadenced beast under its royal housing, set with jewels and heightened with silver, which rocks in the fires of day its high relief of striking images and its large plaques clasped with sacred jewels;

Or saddled with watch-towers, and under its large amulets of war hooked with old copper, the rugged beast arched between its shields of honour, which carried, hanging to its harness hooks, like a mass of entrails and seaweed, the rich load of mail, links and bronze swivels of its coat of armour,

*beaux fers de guerre, suifés d'usure, aux emmanchures à souf-
flets de ses grands tabliers de cuir;*

*Ou mieux encore, et parmi nous, la douce bête nue dans sa
couleur d'asphalte, et peinte à grands motifs d'argile fraîche et
d'ocre franche, porteuse seulement du sceptre au joyau rouge et
du bétyle noir; et votive, et massive, et pesante au bourbier de la
foule, qui danse, seule, et pèse, pour son dieu, parmi la foule
immolestée . . .*

*

Et Mer aussi de l'action—voici:

*Nous y cherchons nos lances, nos milices, et cette lancination
du cœur qui force en nous l'exploit . . . Mer inlassable de
l'afflux, Mer infaillible du reflux! ô Mer violence du Barbare et
Mer tumulte du grand Ordre, Mer incessante sous l'armure, ô
plus active et forte qu'au sursaut de l'amour, ô libre et fière en tes
saillies! que notre cri réponde à ton exultation, Mer agressive de
nos Marches, et tu seras pour nous Mer athlétique de l'Arène!*

*Car ton plaisir est dans la masse et dans la propension
divine, mais ton délice est à la pointe du récif, dans la fréquence
de l'éclair et la fréquentation du glaive. Et l'on t'a vue, Mer de
violence, et de mer ivre, parmi tes grandes roses de bitume et tes
coulées de naphtes lumineuses, rouler aux bouches de ta nuit,
comme des meules saintes marquées de l'hexagramme impur, les
lourdes pierres lavées d'or de tes tortues géantes,*

and its beautiful war irons, tallowed by wear, under the expanding flaps of its large leather aprons;

Or better still, and among us, the gentle beast naked in its colour of asphalt, and painted with great motifs of fresh clay and frank ochre, bearer only of the sceptre with the red jewel and the black baetyl; and votive and massive and heavy in the mire of the crowd, which dances, alone, and weighs, for its god, in the unmolested crowd . . .

*

And also Sea of action—behold:

There we look for our lances, our militia, and that quickening of the heart which forces us to the exploit . . . Tireless Sea of the ebb, infallible Sea of the flow! O Sea violence of the Barbarian and Sea tumult of a great Order, incessant Sea under armour, O more active and strong than at the rapture of love, O free and proud in your mating! may our cry answer your exultation, aggressive Sea of our Marches, and you will be for us athletic Sea of the Arena!

For your pleasure is in the mass and in divine propensity, but your delight is at the extreme point of the reef, in the frequency of the lightning and frequenting of the sword. And you have been seen, Sea of violence, Sea drunk with sea, in the midst of your large roses of bitumen and your luminous flowings of naphtha, rolling to the mouths of your night, like holy millstones marked with the impure hexagram, the heavy stones, washed with gold, of your giant turtles,

*Et toi-même mouvante dans tes agencements d'écaille et tes
vastes mortaises, Mer incessante sous l'armure et Mer puissance
très agile—ô massive, ô totale—luisante et courbe sur ta masse,
et comme tuméfiée d'orgueil, et toute martelée du haut ressac de
ta faune de guerre, toi Mer de lourde fondation et Mer, levée
du plus grand Ordre—ô triomphe, ô cumul—du même flux
portée! t'enfler et te hausser au comble de ton or comme l'ancile
tutélaire sur sa dalle de bronze . . .*

*Les citadelles démantelées au son des flûtes de guerre ne
comblent pas un lieu si vaste pour la résurrection des morts!
Aux clartés d'iode et de sel noir du songe médiateur, l'anneau
terrible du Songeur enclôt l'instant d'un immortel effroi: l'immense cour pavée de fer des sites interdits, et la face, soudain,
du monde révélé dont nous ne lirons plus l'avers . . . Et du
Poète lui-même dans cette quête redoutable, et du Poète lui-même
qu'advient-il, dans cette rixe lumineuse?—Pris les armes à la
main, vous dira-t-on ce soir.*

3

. . . I<small>NNOMBRABLE</small> *l'image, et le mètre, prodigue. Mais
l'heure vient aussi de ramener le Chœur au circuit de la strophe.*

*Gratitude du Chœur au pas de l'Ode souveraine. Et la réci-
tation reprise en l'honneur de la Mer.*

And yourself moving in your ordering of scales and your vast mortises, Sea incessant under armour and Sea very agile—O massive, O total—shining and curved on your mass, and as though tumefied with pride, and all hammered with the high surf of your war-fauna, you Sea of heavy foundation, and Sea, upheaval of the highest Order—O triumph, O plenitude—on one flood borne! swelling and raising to the height of your gold, like the guardian shield, Ancila, on its bronze slab . . .

The citadels dismantled at the sound of war flutes do not fill so vast a place for the resurrection of the dead! In the lights of iodine and black salt of the mediatory dream, the terrible ring of the Dreamer encloses the instant of an immortal terror: the huge courtyard paved with iron at forbidden sites, and the face, suddenly, of the revealed world of which we shall no more read the hidden side . . . And the Poet himself, in this redoubtable quest, and the Poet himself, what becomes of him, in such a storm of light?—Taken, his arms in his hands, will they tell you this evening.

3

. . .Prolific the image, and the metre, prodigal. But the hour comes also to lead back the Chorus into the circuit of the strophe.

Gratitude of the Chorus, in the rhythm of the lofty Ode. .And the recitation resumed in honour of the Sea,

Le Récitant fait face encore à l'étendue des Eaux. Il voit, immensément, la Mer aux mille fronces

Comme la tunique infiniment plissée du dieu aux mains des filles de sanctuaires,

Ou, sur les pentes d'herbe pauvre, aux mains des filles de pêcheurs, l'ample filet de mer de la communauté.

Et maille à maille se répète l'immense trame prosodique— la Mer elle-même, sur sa page, comme un récitatif sacré:

*

«. . . *Mer de Baal, Mer de Mammon, Mer de tout âge et de tout nom; ô Mer d'ailleurs et de toujours, ô Mer promesse du plus long jour, et Celle qui passe toute promesse, étant promesse d'Étrangère; Mer innombrable du récit, ô Mer prolixité sans nom!*

En toi mouvante, nous mouvant, nous te disons Mer innommable: muable et meuble dans ses mues, immuable et même dans sa masse; diversité dans le principe et parité de l'Être, véracité dans le mensonge et trahison dans le message; toute présence et toute absence, toute patience et tout refus—absence, présence; ordre et démence—licence! . . .

O Mer fulguration durable, face frappée du singulier éclat! Miroir offert à l'Outre-songe et Mer ouverte à l'Outre-mer, comme la Cymbale impaire au loin appariée! Blessure ouverte au flanc terrestre pour l'intrusion sacrée, déchirement de notre nuit et resplendissement de l'autre—pierre du seuil lavée d'amour et lieu terrible de la désécration!

The Reciter again faces the expanse of the Waters. He
sees, in its immensity, the Sea of a thousand creases,
   Like the infinitely pleated tunic of the god in the hands
of women of the sanctuary,
   Or, on the slopes of poor grass, in the hands of daughters
of fishermen, the ample sea net of the community.
   And mesh to mesh is repeated the immense web of poetry
—the Sea itself, on its page, like a sacred recitative:

*

   ". . . Sea of Baal, Sea of Mammon, Sea of every age and
every name; O Sea of otherwhere and of all time, O Sea
promise of the longest day, and She who passes all promise,
being the promise of a Stranger; endless Sea of the recitation,
O Sea nameless prolixity!

   In you, moving, we move, and we pronounce you the un-
namable Sea: mutable and movable in her moultings, im-
mutable and immovable in her mass; diversity in the prin-
ciple and parity of Being, truth in the lie and betrayal in
the message; all presence and all absence, all patience and
all refusal—absence, presence; order and madness—licence! . . .

   O Sea, lasting figuration, face struck by the singular radiance! Mirror offered to the Outer-dream, and Sea opened to
the Outer-sea, like the unpaired Cymbal in the distance
paired! Wound opened in the terrestrial side for the sacred
intrusion, rending of our night and resplendence of the other
—threshold stone washed with love and terrible place of
desecration!

207

(Imminence, ô péril! et l'embrasement au loin porté comme aux déserts de l'insoumission; et la passion au loin portée comme aux épouses inappelées d'un autre lit . . . Contrée des Grands, heure des Grands—la pénultième, et puis l'ultime, et celle même que voici, infiniment durable sous l'éclair!)

O multiple et contraire! ô Mer plénière de l'alliance et de la mésentente! toi la mesure et toi la démesure, toi la violence et toi la mansuétude; la pureté dans l'impureté et dans l'obscénité— anarchique et légale, illicite et complice, démence! . . . et quelle et quelle, et quelle encore, imprévisible?

L'incorporelle et très-réelle, imprescriptible; l'irrécusable et l'indéniable et l'inappropriable; inhabitable, fréquentable; im- mémoriale et mémorable—et quelle et quelle, et quelle encore, inqualifiable? L'insaisissable et l'incessible, l'irréprochable irréprouvable, et celle encore que voici: Mer innocence du Solstice, ô Mer comme le vin des Rois! . . .

Ah! Celle toujours qui nous fut là et qui toujours nous sera là, honorée de la rive et de sa révérence: conciliatrice et média- trice, institutrice de nos lois—Mer du mécène et du mendiant, de l'émissaire et du marchand. Et Celle encore que l'on sait: assis- tée de nos greffes, assise entre nos prêtres et nos juges qui don- nent leurs règles en distiques—et Celle encore qu'interrogent les fondateurs de ligues maritimes, les grands fédérateurs de peuples pacifiques et conducteurs de jeunes hommes vers leurs épouses d'autres rives,

(Imminence, O peril! conflagration borne afar as into the deserts of insubmission; and passion borne afar as towards the unsought spouses of another bed . . . Country of the Great, hour of the Great—the next to last, and then the last, and this one here, infinitely durable under the flash!)

O multiple and contrary! O plenary Sea of alliance and of discord! You measure and you beyond measure, you violence and you mansuetude; purity in impurity and in obscenity— anarchic and legal, illicit and allied, madness! and what, O what, O what else, unforeseeable?

The incorporeal and very real, imprescriptible; the irre- cusable and undeniable and unappropriable; uninhabitable, frequentable; immemorial and memorable—and what, O what, O what else, unqualifiable? The unseizable and inal- ienable, the irreproachable irreprovable and also this one here: Sea innocence of the Solstice, O Sea like the wine of Kings! . . .

Ah! She who for us was always there and for us will al- ways be there, honoured by the shore and on the shore re- vered: conciliatrix and mediatrix, instructress of our laws— Sea of the Maecenas and the beggar, of the emissary and the merchant. And She also whom we know well: assisted by our court offices, seated between our priests and our judges who give their rules in distichs—and She also, who is questioned by the founders of maritime leagues, the great federators of pacific peoples and conductors of young men towards their brides of other shores,

Celle-là même que voient en songe les garnisaires aux frontières, et les sculpteurs d'insignes sur les bornes d'empire; les entrepositaires de marchandises aux portes du désert et pourvoyeurs de numéraire en monnaie de coquilles; le régicide en fuite dans les sables et l'extradé qu'on reconduit sur les routes de neige; et les gardiens d'esclaves dans les mines adossés à leurs dogues, les chevriers roulés dans leurs haillons de cuir et le bouvier porteur de sel parmi ses bêtes orientées; ceux qui s'en vont à la glandée parmi les chênes prophétiques, ceux-là qui vivent en forêt pour les travaux de boissellerie, et les chercheurs de bois coudé pour construction d'étraves; les grands aveugles à nos portes au temps venu des feuilles mortes, et les potiers qui peignent, dans les cours, les vagues en boucles noires sur l'argile des coupes, les assembleurs de voiles pour les temples et les tailleurs de toiles maritimes sous le rempart des villes; et vous aussi, derrière vos portes de bronze, commentateurs nocturnes des plus vieux textes de ce monde, et l'annaliste, sous sa lampe, prêtant l'oreille à la rumeur lointaine des peuples et de leurs langues immortelles, comme l'Aboyeur des morts au bord des fosses funéraires; les voyageurs en pays haut nantis de lettres officielles, ceux qui cheminent en litière parmi la houle des moissons ou les forêts pavées de pierre du Roi dément; et les porteurs de perle rouge dans la nuit, errant avec l'Octobre sur les grandes voies retentissantes de l'histoire des armes; les capitaines à la chaîne parmi la foule du triomphe, les magistrats élus aux soirs d'émeute sur les bornes et les tribuns haussés sur les grandes places méridiennes; l'amante au torse de l'amant comme à l'autel des naufragés, et le héros qu'enchaîne au loin le lit de Magicienne, et l'étranger parmi nos roses qu'endort un bruit de

The very Sea which is seen in their dreams by the men in
garrison on the frontiers, and the sculptors of signs on the
Empire boundary stones; the bonders of merchandise at the
gates of the desert and purveyors of currency in shell money;
the regicide in flight on the sands and the extradited man who
is led back along the snow roads; and the keepers of slaves in
mines resting against their watchdogs, the goatherds rolled
in their leather rags and the cowherd carrier of salt among
his circling beasts; the ones who go to harvest acorns under
the prophetic oaks, those who live in the forests for cooperage
work, and the seekers after kneed wood for the building of
ships' stems; tall blind men at our gates in the season of dry
leaves, and the potters, in the courtyards, who paint the
waves in black curls on the clay of cups, the assemblers of
veils for temples and the cutters of sea-canvas under the
ramparts of cities; and you also, behind your bronze doors,
nocturnal commentators of the oldest texts in the world, and
the annalist, under his lamp, giving ear to the distant
rumour of peoples and their immortal tongues, like the
Barker of the dead on the edge of funeral ditches: travellers
to a high country provided with official letters, those who
travel in a litter among the rolling waves of the harvests or
the stone-paved forests of the mad King; and the bearers of
a red pearl in the night, who wander with October on the
great high roads resounding with history of arms; captains
in chains amidst the crowd of the Triumph, magistrates
elected on street corners in the evenings of riots and mob-
leaders raised over the great squares at high noon; the hero-
ine embracing the lover's torso as the altar of the ship-
wrecked, and the hero chained far away by the bed of the
Sorceress, and the stranger among our roses who is put to

mer dans le jardin d'abeilles de l'hôtesse—et c'est midi—brise légère—le philosophe sommeille dans son vaisseau d'argile, le juge sur son entablement de pierre à figure de proue, et les pontifes sur leur siège en forme de nacelle . . .»

✳

Indicible, ô promesse! Vers toi la fièvre et le tourment!

Les peuples tirent sur leur chaîne à ton seul nom de mer, les bêtes tirent sur leur corde à ton seul goût d'herbages et de plantes amères, et l'homme appréhendé de mort s'enquiert encore sur son lit de la montée du flot, le cavalier perdu dans les guérets se tourne encore sur sa selle en quête de ton gîte, et dans le ciel aussi s'assemblent vers ton erre les nuées filles de ton lit.

Allez et descellez la pierre close des fontaines, là où les sources vers la mer méditent la route de leur choix. Qu'on tranche aussi le lien, l'assise et le pivot! Trop de rocs à l'arrêt, trop de grands arbres à l'entrave, ivres de gravitation, s'immobilisent encore à ton orient de mer, comme des bêtes que l'on trait.

Ou que la flamme elle-même, dévalant, dans une explosion croissante de fruits de bois, d'écailles, et d'escarres, mène à son fouet de flamme la harde folle des vivants! jusqu'à ton lieu d'asile, ô Mer, et tes autels d'airain sans marches ni balustres! serrant du même trait le Maître et la servante, le Riche et l'indigent, le Prince et tous ses hôtes avec les filles de l'intendant, et toute la faune aussi, familière ou sacrée, la hure et le pelage,

sleep by the sea sound in the bee garden of the hostess—and
it is noon—a light wind—the philosopher dozing in his
vessel of clay, the judge on his stone entablature formed like
a prow, and the pontiffs on their boat-shaped seats . . ."

*

Ineffable, O promise! Towards you fever and torment!

Nations pull on their chains at your very name, O sea,
beasts pull on their rope at your very smell of sea pastures
and bitter weeds, and the man apprehended by death in-
quires again, on his bed, about the rising of the tide, the
horseman lost in the fields turns again, on his saddle, in
quest of your whereabouts, and in the sky, also, the clouds,
daughters of your bed, gather in your wake.

Go and unseal the closed stone of the fountains, at the
place where the springs take counsel on the choice of their
road towards the sea. Cut also the tie, the foundation, and
the tap-root! Too many rocks halted, too many tall trees
tied, drunk on gravitation, are still immobilized in their
orientation towards the sea, like cattle being milked.

Or let the flame itself, rushing down, in a growing explosion of wooden fruits, of scales and scabs, drive with its
flame whip the mad herd of the living! to your place of
asylum, O Sea, and your bronze altars without stairs or
banisters! joining with the same lash the Master and the
servant, the rich and the destitute, the Prince and all his
guests with the daughters of the intendant, and all the fauna
too, familiar or sacred, the boar's head and the pelt, horn

213

*la corne et le sabot, et l'étalon sauvage avec la biche au rameau
d'or . . .*

*(Et du pénate ni du lare que nul ne songe à se charger; ni
de l'aïeul aveugle, fondateur de la caste. Derrière nous n'est
point l'épouse de sel, mais devant nous l'outrance et la luxure.
Et l'homme chassé, de pierre en pierre, jusqu'au dernier éperon
de schiste ou de basalte, se penche sur la mer antique, et voit,
dans un éclat de siècles ardoisés, l'immense vulve convulsive
aux mille crêtes ruisselantes, comme l'entraille divine elle-
même un instant mise à nu.)*

✳

*. . . Vers toi l'Épouse universelle au sein de la congrégation
des eaux, vers toi l'Épouse licencieuse dans l'abondance de ses
sources et le haut flux de sa maturité, toute la terre elle-même
ruisselante descend les gorges de l'amour: toute la terre antique,
ta réponse, infiniment donnée—et de si loin si longuement, et de
si loin, si lente modulée—et nous-mêmes avec elle, à grand ren-
fort de peuple et piétinement de foule, dans nos habits de fête et
nos tissus légers, comme la récitation finale hors de la strophe
et de l'épode, et de ce même pas de danse, ô foule! qui vers la mer
puissante et large, et de mer ivre, mène la terre docile et grave,
et de terre ivre . . .*

*Affluence, ô faveur! . . . Et le navigateur sous voiles qui
peine à l'entrée des détroits, s'approchant tour à tour de l'une et
l'autre côte, voit sur les rives alternées les hommes et femmes de
deux races, avec leurs bêtes tachetées, comme des rassemble-
ments d'otages à la limite de la terre—ou bien les pâtres, à*

214

and hoof, and the wild stallion and the doe with the golden
bough . . .

(And let no one think of shouldering the Penates and
Lares, nor the blind ancient, founder of the caste. Behind us
there is no wife turned to salt, but in front of us excess and
lust. And man hunted, from stone to stone, to the last spur
of schist and basalt, leans over the ancient sea, and sees, in a
flash of slate-coloured eternity, the immense convulsive
vulva with a thousand streaming crests, like the divine
entrails themselves laid bare for one lightning moment.)

*

. . . Towards you the universal Wife in the midst of the
congregation of waters, towards you the licentious Wife in
the abundance of her springs and the high flood of her ma-
turity, all the earth itself streaming descends the gorges of
love: all the ancient land, your answer, infinitely offered—
and from so far so lengthily, and from so far, so slowly,
modulated—and we ourselves with her, in a great flow of
people and a great trampling of the crowd, in our festival
dress and our light tissues, like the final recitation after the
strophes and the epode, and with this same dance step, O
crowd! which towards the strong wide sea, a drunken sea,
leads the docile grave land, a drunken land . . .

Affluence, O favour! And the navigator under sail who
toils at the entrance of the straits, approaching in turn each
of the coasts, sees on the alternate shores men and women of
two races, with their spotted animals, like gatherings of
hostages at the limits of the earth—or shepherds, with long

215

grands pas, qui marchent encore sur les pentes, à là façon d'ac-
teurs antiques agitant leurs bâtons.

Et sur la mer prochaine vont les grandes serres de labour du
resserrement des eaux. Et au-delà s'ouvre la Mer étrangère, au
sortir des détroits, qui n'est plus mer de tâcheron, mais seuil
majeur du plus grand Orbe et seuil insigne du plus grand Age,
où le pilote est congédié—Mer ouverture du monde d'interdit,
sur l'autre face de nos songes, ah! comme l'outrepas du songe,
et le songe même qu'on n'osa! . . .

4

—E<small>T</small> <small>C'EST</small> *à Celle-là que nous disons notre âge d'hommes,*
et c'est à Celle-là que va notre louange:

«. . . Elle est comme la pierre du sacre hors de ses housses;
elle est de la couleur du glaive qui repose sur son massif de
soierie blanche.

Dans sa pureté lustrale règnent les lignes de force de sa
grâce; elle prend reflet du ciel mobile, et qui s'oriente à son
image.

Elle est mer fédérale et mer d'alliance, au confluent de
toutes mers et de toutes naissances.

. . . Elle est mer de mer ivre et mer du plus grand rire; et
vient aux lèvres du plus ivre, sur ses grands livres ouverts
comme la pierre des temples:

216

strides, still walking over slopes, in the fashion of ancient actors waving their staffs.

And over the near-by sea go the great ploughing claws, at the narrowing of the waters. And beyond, opens the foreign Sea, at the exit from the straits, which is no longer a sea of labour, but the major threshold of the greatest Orb and the signal threshold of the greatest Age, where the pilot is discharged—Sea opening of the forbidden world, on the other face of our dreams, ah! like the step beyond the dream, and the very dream none ever dared! . . .

4

—And it is to Her we tell our age of men, and it is to Her our praises go:

". . . She is like the anointing stone out of its coverings; she is of the colour of the sword resting on its mound of white silk.

In her lustral purity reign the lines of force of her grace; she takes the reflection of the mobile sky, which is oriented in her image.

She is federal sea and sea of alliance, at the confluence of all seas and of all births.

. . . She is sea of drunken sea and sea of the greatest laughter; and comes to the lips of the most drunken, on her great open books like the stone of temples:

Mer innombrable dans ses nombres et ses multiples de nombres; Mer inlassable dans ses nomes et ses dénombrements d'empires!

Elle croît sans chiffres ni figures et vient aux lèvres du plus ivre, comme cette numération parlée dont il est fait mention dans les cérémonies secrètes.

. . . Mer magnanime de l'écart, et Mer du plus grand laps, où chôment les royaumes vides et les provinces sans cadastre,

Elle est l'errante sans retour, et mer d'aveugle migration, menant sur ses grandes voies désertes et sur ses pistes saisonnières, parmi ses grandes figurations d'herbages peints,

Menant la foule de son peuple et de ses hordes tributaires, vers la fusion lointaine d'une seule et même race.

«. . . M'es-tu présence?»—cri du plus ivre—«ou survivance du présage?» . . . C'est toi, Présence, et qui nous songes.

Nous te citons: «Sois là!» Mais toi, tu nous as fait cet autre signe qu'on n'élude; nous as crié ces choses sans mesure.

Et notre cœur est avec toi parmi l'écume prophétique et la numération lointaine, et l'esprit s'interdit le lieu de tes saillies.

. . . Nous te disions l'Épouse mi-terrestre: comme la femme, périodique, et comme la gloire, saisonnière;

Mais toi tu vas, et nous ignores, roulant ton épaisseur d'idiome sur la tristesse de nos gloires et la célébrité des sites engloutis.

218

Sea innumerable in her numbers and her multiples of numbers; tireless Sea in her nomes and enumeration of empires!

She grows without figures or numbers and comes to the lips of the most drunken, like that spoken numbering which is mentioned in secret ceremonies.

. . . Magnanimous Sea of divergence, and Sea of the greatest lapse, where empty kingdoms and unsurveyed provinces are idle,

She is the wandering one without return, and sea of blind migration, leading on her great deserted ways and on her seasonal trails, among her great figurations of painted grass,

Leading the crowd of her people and her tributary hordes, towards the distant fusion of a single and same race.

'. . . Are you presence for me?'—cry of the most drunken—'or survival of the portent?' . . . It is you, Presence, who dream us.

We summon you: 'Be there!' But you made us that other sign which cannot be evaded, and cried to us those things without measure.

And our heart is with you amidst the prophetic foam and the distant numbering, and our spirit denies itself access to the place of your mating.

. . . We called you the half-earthly Bride: like woman, periodic, and like glory, seasonal;

But you go on and ignore us, rolling your thickness of idiom over the sadness of our glories and the fame of submerged sites.

Faut-il crier? faut-il prier? . . . Tu vas, tu vas, l'Immense et Vaine, et fais la roue toi-même au seuil d'une autre Immensité . . .»

*

Et maintenant nous t'avons dit ton fait, et maintenant nous t'épierons, et nous nous prévaudrons de toi dans nos affaires humaines:

«Écoute, et tu nous entendras; écoute, et nous assisteras.

O toi qui pèches infiniment contre la mort et le déclin des choses,

O toi qui chantes infiniment l'arrogance des portes, criant toi-même à d'autres portes,

Et toi qui rôdes chez les Grands comme un grondement de l'âme sans tanière,

Toi, dans les profondeurs d'abîme du malheur si prompte à rassembler les grands fers de l'amour,

Toi, dans l'essai de tes grands masques d'allégresse si prompte à te couvrir d'ulcérations profondes,

Sois avec nous dans la faiblesse et dans la force et dans l'étrangeté de vivre, plus haute que la joie,

Sois avec nous Celle du dernier soir, qui nous fait honte de nos œuvres, et de nos hontes aussi nous fera grâce,

Et veuille, à l'heure du délaissement et sous nos voiles défaillantes,

Nous assister encore de ton grand calme, et de ta force, et de ton souffle, ô Mer natale du très grand Ordre!

Must we cry out? must we pray? . . . On you go, and on, Immense and Vain, and spread yourself, as a peacock, on the threshold of another Immensity . . ."

*

And now we have said who you are, and now we shall be on the watch for you, and shall avail ourselves of your presence in our human affairs:

"Listen, and you will hear us; listen, and you will assist us.

O you who sin infinitely against death and the decline of things,

O you who sing infinitely the arrogance of gates, yourself shouting at other gates,

And you who prowl in the land of the Great like the growling of the soul without a lair,

You, in the depths of the abyss of woe so prompt to reassemble the great irons of love,

You, in the trial of your great masks of joy so prompt to cover yourself with deep ulcerations,

Be with us in weakness and in strength and in the strangeness of living, higher than joy,

Be with us the One of the last evening, who makes us ashamed of our works, and will also release us from our shame,

And be willing, when we are forsaken, under our faltering sails,

To help us again with your great confidence, and with your strength, and with your breath, O natal Sea of the very great Order!

221

Et le surcroît nous vienne en songe à ton seul nom de Mer! . . .»

✳

Nous t'invoquons enfin toi-même, hors de la strophe du Poète. Qu'il n'y ait plus pour nous, entre la foule et toi, l'éclat insoutenable du langage:

«. . . Ah, nous avions des mots pour toi et nous n'avions assez de mots,

Et voici que l'amour nous confond à l'objet même de ces mots,

Et mots pour nous ils ne sont plus, n'étant plus signes ni parures,

Mais la chose même qu'ils figurent et la chose même qu'ils paraient;

Ou mieux, te récitant toi-même, le récit, voici que nous te devenons toi-même, le récit,

Et toi-même sommes-nous, qui nous étais l'Inconciliable: le texte même et sa substance et son mouvement de mer,

Et la grande robe prosodique dont nous nous revêtons . . .»

En toi, mouvante, nous mouvant, en toi, vivante, nous taisant, nous te vivons enfin, mer d'alliance,

O Mer instance lumineuse et mer substance très glorieuse, nous t'acclamons enfin dans ton éclat de mer et ton essence propre:

Sur toutes baies frappées de rames étincelantes, sur toutes rives fouettées des chaînes du Barbare,

Ah! sur toutes rades déchirées de l'aigle de midi, et sur

And may increase come to us in our dream at your single name of Sea! . . ."

*

At last we invoke you yourself, outside the strophe of the Poet. May we no longer have, between the crowd and you, the unbearable radiance of language:

". . . Ah! we had words for you and we did not have enough words,

And behold, love makes us one with the very object of these words,

And words for us they are no longer, being no longer signs or adornments,

But the thing itself which they signify and the thing itself they adorned;

Or better, reciting yourself, who are the recital, behold we become you, the recital,

And we are now you, who were to us the Irreconcilable: the very text and its substance and its sea movement,

And the very great robe of poetry with which we clothe ourselves . . ."

In you, who move, we move also, in you, living, we keep silence, and we live you at last, sea of alliance,

O Sea luminous instance and sea very glorious substance, we acclaim you at last in your radiance of sea and in your own essence:

On all bays struck with flashing oars, on all shores whipped by chains of the Barbarian,

Ah! on all roadsteads torn by the noon eagle, and on all

toutes places de pierres rondes ouvertes devant toi comme devant la Citadelle en armes,

Nous t'acclamons, Récit!—Et la foule est debout avec le Récitant, la Mer à toutes portes, rutilante, et couronnée de l'or du soir.

Et voici d'un grand vent descendu dans le soir à la rencontre du soir de mer, la foule en marche hors de l'arène, et tout l'envol des feuilles jaunes de la terre,

Et toute la Ville en marche vers la mer, avec les bêtes, à la main, parées d'orfèvrerie de cuivre, les figurants aux cornes engainées d'or, et toutes femmes s'enfiévrant, aussi l'étoile s'allumant aux premiers feux de ville dans les rues—toutes choses en marche vers la mer et le soir de haute mer et les fumées d'alliance sur les eaux,

Dans la promiscuité divine et la dépravation de l'homme chez les dieux . . .

5

—Sur la Ville déserte, au-dessus de l'arène, une feuille errante dans l'or du soir, en quête encore du front d'homme . . . Dieu l'étranger est à la ville, et le Poète qui rentre seul avec les Filles moroses de la gloire:

« . . . Mer de Baal, Mer de Mammon; Mer de tout âge et de tout nom!

Mer utérine de nos songes et Mer hantée du songe vrai,

224

harbour courts paved with round stones, which open before you as before the Citadel in arms,

We acclaim you, O Recital!—And the crowd is standing with the Reciter, the Sea at every gate glowing red, and crowned with evening gold.

And here is a great wind descending into the evening to meet the sea evening, and here the crowd marching out of the arena, and all the flying of yellow leaves of the earth,

And the entire City moving towards the sea, with led animals in hand adorned with copper jewelry, performers bearing horns sheathed with gold, and all women stirred to fever, and the star also taking fire from the first city lights in the streets—all things moving towards the sea and the evening of high sea and the smoke of alliance over the waters,

In the divine promiscuity, and the depravation of man among the gods . . .

5

—OVER the deserted City, above the arena, a leaf floating in the gold of evening, still in quest of a man's brow . . . God the stranger is in the city, and the Poet, coming home alone, with the melancholy Daughters of glory:

". . . Sea of Baal, Sea of Mammon, Sea of every age and every name!

Uterine Sea of our dreams and Sea haunted by the true dream,

Blessure ouverte à notre flanc, et chœur antique à notre porte,
O toi l'offense et toi l'éclat! toute démence et toute aisance,
Et toi l'amour et toi la haine, l'Inexorable et l'Exorable,
O toi qui sais et ne sais pas, ô toi qui dis et ne dis pas,
  Toi de toutes choses instruite et dans toutes choses te taisant,
  Et dans toutes choses encore t'élevant contre le goût des
larmes,
  Nourrice et mère, non marâtre, amante et mère du puîné,
  O Consanguine et très lointaine, ô toi l'inceste et toi l'aînesse,
  Et toi l'immense compassion de toutes choses périssables,
  Mer à jamais irrépudiable, et Mer enfin inséparable! Fléau
d'honneur, pieuvre d'amour! ô Mer plénière conciliée,*

  Est-ce toi, Nomade, qui nous passeras ce soir aux rives
du réel?»

Open wound in our side, and ancient chorus at our gate,

O you the offence and you the radiance! all madness and
all peace,

And you love and you hate, the Inexorable and the
Exorable,

O you who know and do not know, O you who speak and
do not speak,

You of all things aware and in all things keeping silence,

And in all things again rising against the poignant taste
of tears,

Nurse and mother, not harsh mother, lover and mother
to the younger son,

O Consanguineous and very distant one, O you incest and
you the ancestry,

And you immense compassion for all things perishable,
Sea for ever irrepudiable, and Sea at last inseparable!
Scourge of honour, monster of love! O plenary Sea concili-
ated,

Is it you, Nomad, who this evening will pass us over to
the banks of the real?"

DÉDICACE / DEDICATION

MIDI, SES FAUVES,
SES FAMINES . . .

Midi, *ses fauves, ses famines, et l'An de mer à son plus haut sur la table des Eaux . . .*

—*Quelles filles noires et sanglantes vont sur les sables violents longeant l'effacement des choses?*

Midi, son peuple, ses lois fortes . . . L'oiseau plus vaste sur son erre voit l'homme libre de son ombre, à la limite de son bien.

Mais notre front n'est point sans or. Et victorieuses encore de la nuit sont nos montures écarlates.

Ainsi les Cavaliers en armes, à bout de Continents, font au bord des falaises le tour des péninsules.

—*Midi, ses forges, son grand ordre . . . Les promontoires ailés s'ouvrent au loin leur voie d'écume bleuissante.*

Les temples brillent de tout leur sel. Les dieux s'éveillent dans le quartz.

Et l'homme de vigie, là-haut, parmi ses ocres, ses craies fauves, sonne midi le rouge dans sa corne de fer.

NOON, ITS RED LIONS,
ITS FAMINES . . .

Noon, its red lions, its famines, and the Sea Year at its
    highest over the table of the Waters . . .
—What black and blood-stained girls go over the violent
    sands, passing by the effacement of things?
Noon, its people, its strong laws . . . The bird, vast as its
    circle, sees man free of his shadow, at the limit of his
    weal.
But our brow is not without gold. And our scarlet steeds are
    still victorious over the night.

Thus the Horsemen in arms, on the cliffs, at Continents' end,
    make the round of peninsulas.
—Noon, its forges, its great order . . . The winged head-
    lands in the distance open up their routes of blue-white
    foam.
The temples shine with all their salt. The gods awaken in the
    quartz.
And the man on watch, high above, amidst his ochre clays
    and fawn-coloured chalks, sounds red noon on his iron
    horn.

Midi, sa foudre, ses présages; Midi, ses fauves au forum, et son cri de pygargue sur les rades désertes! . . .

—Nous qui mourrons peut-être un jour disons l'homme immortel au foyer de l'instant.

L'Usurpateur se lève sur sa chaise d'ivoire. L'amant se lave de ses nuits.

Et l'homme au masque d'or se dévêt de son or en l'honneur de la Mer.

Noon, its lightning-bolt, its omens; Noon, its red lions in the forum, and its cry of a sea eagle over the deserted road-steads! . . .

—We who perhaps one day shall die, proclaim man as immortal at the flaming heart of the instant.

The Usurper rises from his ivory chair. The lover washes himself of his nights.

And the man with the golden mask divests himself of his gold in honour of the Sea.

BIBLIOGRAPHICAL NOTE

I

SEAMARKS

PUBLICATIONS IN FRENCH

Parts of *Amers* were first published, in Paris, in *Les Cahiers de la Pléiade*, 1948 and 1950; in *Exils*, 1952, and in *La Nouvelle Nouvelle Revue Française*, 1953 and 1956. The complete poem was published by N.R.F., Gallimard, 1957.

PUBLICATIONS IN ENGLISH

"And you, Seas . . . ," the six cantos of "Invocation," translated by Wallace Fowlie, the English text following the French text, was published in *Poetry* (Chicago), October, 1951.

"Seamarks," the first seven cantos of "Strophe," translated by Wallace Fowlie, was published in *The Yale Review* (New Haven), Spring, 1955.

"Sea of Baal, Sea of Mammon," the five cantos of "Chœur," translated by Wallace Fowlie, the English text following the French text, was published in *Poetry* (Chicago), July, 1955.

"Narrow are the vessels . . . ," sections 2 and 6 of the ninth canto of "Strophe," translated by George Huppert, the French text facing the English text, was published in *The Berkeley Review* (Berkeley, Cal.), Winter, 1956. Five verses of section 5 of the same canto, translated by Wallace Fowlie, were published in the *Atlantic Monthly* (Boston), June, 1958; the first four sections, in his translation, were published in *Encounter* (London), September, 1958.

Seamarks (*Amers*), with translation by Wallace Fowlie, was first published as Bollingen Series LXVII by Pantheon Books,

New York, 1958, in a de-luxe edition of large format and large typography, with a bibliography. Second edition, 1958: French text facing the aforementioned translation, in smaller format.

PUBLICATIONS IN GERMAN

"Eng Sind die Schiffe," the whole ninth canto of "Strophe," translated by Friedhelm Kemp, was published in the German review *Die neue Rundschau* (Frankfurt am Main), 1957. "Invocation," translated by Werner Riemerschmid, was published in the Austrian review *Wort und Wahrheit* (Vienna), August, 1954. A bilingual edition of the complete poem, with the French text facing the German translation by Friedhelm Kemp, with a commentary and a letter by St.-John Perse, entitled *See-Marken*, was published by Hermann Luchterhand Verlag (Darmstadt, Berlin, Neuwied), 1958.

PUBLICATION IN SPANISH

"Y vosotros Mares," sections 1, 3, and 6 of "Invocation," translated by Andrés Holguín, was published in his anthology *Poesía francesa* (Madrid, Ediciones Guadarrama, 1954).

II

OTHER WORKS OF ST.-JOHN PERSE

TRANSLATED INTO ENGLISH

Anabasis, with translation and preface by T. S. Eliot, with French
and English on facing pages, was first published by Faber and
Faber, London, 1930. It was republished by Harcourt, Brace and
Co., New York, 1938, with the translation revised and corrected
by T. S. Eliot. In 1949, the same house issued a newly revised and
corrected edition with additional notes by T. S. Eliot, Hugo von
Hofmannsthal, Valery Larbaud, and Giuseppe Ungaretti.

Éloges and Other Poems, with translation by Louise Varèse
and an introduction by Archibald MacLeish, with French and
English on facing pages, was first published by W. W. Norton and
Co., New York, 1944. It was republished as Bollingen Series LV
by Pantheon Books, New York, 1956, with the translation revised,
the introduction omitted, and the new poem "Berceuse" added.

Exile and Other Poems, with translation by Denis Devlin, was
published as Bollingen Series XV by Pantheon Books, New York,
1949, in a de-luxe edition of large format and large typography.
It contained notes by Archibald MacLeish (his original introduction to *Éloges*), Roger Caillois, and Alain Bosquet, and a bibliography. In 1953, it was republished in smaller format, with French
and English on facing pages and without notes.

Winds, with translation by Hugh Chisholm, was published as
Bollingen Series XXXIV by Pantheon Books, New York, 1953,
in an edition uniform with the first edition of *Exile*. It contained
notes by Paul Claudel, Gaëtan Picon, Albert Béguin, and Gabriel
Bounoure, and a bibliography. In 1961, it was republished in
smaller format, with French and English on facing pages and
without notes.

Chronique, with translation by Robert Fitzgerald, was published as Bollingen Series LXIX by Pantheon Books, New York, 1961.

On Poetry, St.-John Perse's speech in acceptance of the Nobel Prize for Literature at Stockholm, 1960, in a bilingual edition, with translation by W. H. Auden, was issued in pamphlet form by Bollingen Foundation, 1961.

HARPER TORCHBOOKS / The Bollingen Library

E. Coleman, *ed.*   LECTURES IN CRITICISM: by R. P. Blackmur, B. Croce, Henri Peyre, J. C. Ransom, Herbert Read, Allen Tate   TB/2003

C. G. Jung   PSYCHOLOGICAL REFLECTIONS. Edited by Jolande Jacobi   TB/2001

St.-John Perse   SEAMARKS. Translated by Wallace Fowlie   TB/2002

Jean Seznec   THE SURVIVAL OF THE PAGAN GODS: *The Mythological Tradition and Its Place in Renaissance Humanism and Art* illus.   TB/2004

HARPER TORCHBOOKS / The Academy Library

James Baird   ISHMAEL: *A Study of the Symbolic Mode in Primitivism*   TB/1023

Herschel Baker   THE IMAGE OF MAN: *A Study of the Idea of Human Dignity in Classical Antiquity, The Middle Ages, and the Renaissance* TB/1047

W. J. Bate   FROM CLASSIC TO ROMANTIC   TB/1036

Henri Bergson   TIME AND FREE WILL: *An Essay on the Immediate Data of Consciousness*   TB/1021

H. J. Blackham   SIX EXISTENTIALIST THINKERS: *Kierkegaard, Jaspers, Nietzsche, Marcel, Heidegger, Sartre*   TB/1002

Walter Bromberg   THE MIND OF MAN: *A History of Psychotherapy and Psychoanalysis* TB/1003

Abraham Cahan   THE RISE OF DAVID LEVINSKY: A Novel.   TB/1028

Helen Cam   ENGLAND BEFORE ELIZABETH   TB/1026

Joseph Charles   THE ORIGINS OF THE AMERICAN PARTY SYSTEM   TB/1049

Norman Cohn   THE PURSUIT OF THE MILLENNIUM   TB/1037

G. G. Coulton   MEDIEVAL VILLAGE, MANOR, AND MONASTERY   TB/1020

Wilfrid Desan   THE TRAGIC FINALE: *An Essay on the Philosophy of Jean-Paul Sartre*   TB/1030

Cora DuBois   THE PEOPLE OF ALOR, *Vol. I,* TB/1042; *Vol. II,* TB/1043

George Eliot   DANIEL DERONDA: A Novel. Intro. by F. R. Leavis   TB/1039

John N. Figgis   POLITICAL THOUGHT FROM GERSON TO GROTIUS: 1414–1625: *Seven Studies.* Intro. by Garrett Mattingly   TB/1032

Editors of *Fortune*   AMERICA IN THE SIXTIES: *The Economy and the Society*   TB/1015

G. P. Gooch   ENGLISH DEMOCRATIC IDEAS IN THE 17TH CENTURY   TB/1006

Francis J. Grund   ARISTOCRACY IN AMERICA: *Jacksonian Democracy*   TB/1001

W. K. Guthrie   THE GREEK PHILOSOPHERS: *From Thales to Aristotle*   TB/1008

Alfred Harbage   AS THEY LIKED IT: *Shakespeare's Moral Artistry*   TB/1035

Henry James   THE PRINCESS CASAMASSIMA: A Novel   TB/1005

Henry James   RODERICK HUDSON: A Novel. Intro. by Leon Edel   TB/1016

Henry James   THE TRAGIC MUSE: A Novel. Intro. by Leon Edel   TB/1017

William James   PSYCHOLOGY: *The Briefer Course.* Ed. by G. Allport   TB/1034

Arnold Kettle   AN INTRODUCTION TO THE ENGLISH NOVEL: *Vol. I, Defoe to George Eliot,* TB/1011; *Vol. II, Henry James to the Present,* TB/1012

Paul O. Kristeller   RENAISSANCE THOUGHT: *The Classic, Scholastic, and Humanistic Strains*   TB/1048

L. S. B. Leakey   ADAM'S ANCESTORS: *The Evolution of Man and His Culture.* Illus. TB/1019

Bernard Lewis   THE ARABS IN HISTORY   TB/1029

Ferdinand Lot   THE END OF THE ANCIENT WORLD AND THE BEGINNINGS OF THE MIDDLE AGES. Intro. by Glanville Downey   TB/1044

Arthur O. Lovejoy   THE GREAT CHAIN OF BEING: *A Study of the History of an Idea* TB/1009

Niccolo Machiavelli   HISTORY OF FLORENCE & OF THE AFFAIRS OF ITALY. *From the Earliest Times to the Death of Lorenzo the Magnificent.* Intro. by Felix Gilbert   TB/1027

J. P. Mayer   ALEXIS DE TOCQUEVILLE: *A Biographical Study in Political Science* TB/1014

John U. Nef   CULTURAL FOUNDATIONS OF INDUSTRIAL CIVILIZATION   TB/1024

J. Ortega y Gasset   THE MODERN THEME. Intro. by J. F. Mora   TB/1038

J. H. Parry   THE ESTABLISHMENT OF THE EUROPEAN HEGEMONY: 1415–1715: *Trade and Exploration in the Age of the Renaissance*   TB/1045

Robert Payne   HUBRIS: *A Study of Pride:* Foreword by Herbert Read   TB/1031

Samuel Pepys   THE DIARY OF SAMUEL PEPYS. Illus. by E. H. Shepard   TB/1007

Georges Poulet   STUDIES IN HUMAN TIME   TB/1004

Priscilla Robertson   REVOLUTIONS of 1848: *A Social History*   TB/1025

Ferdinand Schevill   THE MEDICI. Illus.   TB/1010

Bruno Snell   THE DISCOVERY OF THE MIND: *The Greek Origins of European Thought*   TB/1018

C. P. Snow   TIME OF HOPE: A Novel   TB/1040

Perrin Stryker   THE CHARACTER OF THE EXECUTIVE   TB/1041

Percy Sykes   A HISTORY OF EXPLORATION. Intro by John K. Wright   TB/1046

Dorothy Van Ghent   THE ENGLISH NOVEL: *Form and Function*   TB/1050

(continued on next page)

HARPER TORCHBOOKS / The Science Library

HARPER TORCHBOOKS / The Cloister Library

(continued on next page)